Original illisible
NF Z 43-120-10

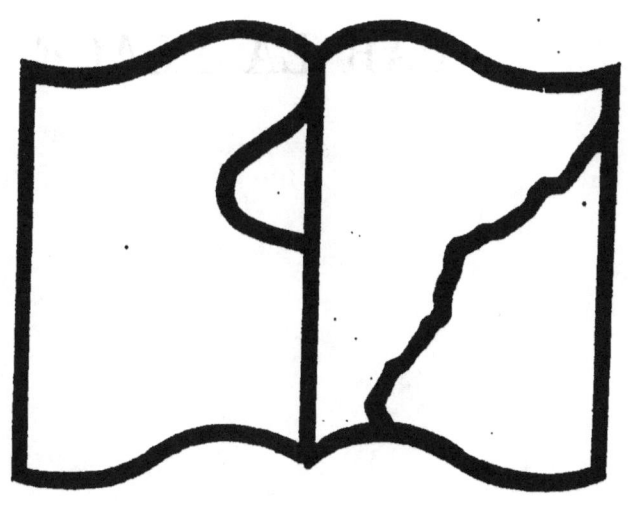

Texte détérioré — reliure défectueuse
NF Z 43-120-11

"VALABLE POUR TOUT OU PARTIE
DU DOCUMENT REPRODUIT".

LES CÔTES DE LA FRANCE

DU HAVRE A CHERBOURG

PAR LA PLAGE

Grand in-4°.

HONFLEUR

LES CÔTES DE LA FRANCE

Par Madame DE LALAING

DU HAVRE A CHERBOURG

PAR LA PLAGE

Volume orné de 81 gravures

LIBRAIRIE DE J. LEFORT

IMPRIMEUR ÉDITEUR

LILLE | PARIS

RUE CHARLES DE MUYSSART, 24 | RUE DES SAINTS-PÈRES, 30

TOUS DROITS RÉSERVÉS

DU HAVRE A CHERBOURG

PAR LA PLAGE

CHAPITRE PREMIER

LE HAVRE

Arrivée au Havre. — Une rencontre inattendue.

Un an ne s'était pas encore écoulé depuis le jour où j'avais, on s'en souvient peut-être, pris congé de mon oncle de Lussac, de ma tante et de ma cousine dans la gare du Havre, au moment de partir pour Paris, d'où je devais me rendre à Orléans, résidence de ma famille ; un an, dis-je, ne s'était pas écoulé depuis lors, et je me retrouvais dans cette même gare, ma valise à la main et mes guides sous le bras.

Cette fois, je descendais du train de Paris ; j'étais au début d'un voyage qui ne devait être, à vrai dire, que la continuation de celui qui s'était achevé à cette même place quelques mois auparavant. Je reprenais le cours de mes pérégrinations sur les côtes de France, juste au point où j'avais dû les interrompre.

Fatigué d'une séance de près de cinq heures en wagon, je confiai ma valise au conducteur de l'omnibus de *Frascati* et m'acheminai tranquillement vers l'hôtel.

J'avais à peine fait quelques pas sur le boulevard de Strasbourg, quand un cri de surprise m'échappa.... Je venais d'apercevoir sur le trottoir, à dix pas de moi... mon oncle et ma cousine Juliette.

Décidément j'avais rajeuni d'un an depuis mon départ de Paris, nous étions revenus à l'an de grâce 1883.

En entendant l'exclamation que m'avait arrachée l'étonnement, M. de Lussac et sa fille s'étaient arrêtés court.

Je m'avançai vivement vers eux.

— Vous ici, mon oncle, et vous aussi, ma chère cousine! dis-je en leur tendant la main tour à tour. Comment se fait-il que je vous retrouve devant cette gare où je vous dis adieu l'an passé. Auriez-vous par hasard fixé votre résidence au Havre? Mais non; j'ai reçu de vous cet hiver plusieurs bonnes lettres datées de Dunkerque. Vraiment, je n'y comprends rien.

— Mais toi-même, reprit mon oncle, d'où viens-tu, et où vas-tu comme cela?

— J'arrive directement de Paris, et je me rends à l'*Hôtel Frascati*.

— Alors, ne perdons pas de temps, et faisons route ensemble; ta tante nous attend pour déjeuner.

— Assurément, elle ne m'attend pas.

— Pour cela, non, mais elle n'en sera pas moins enchantée de te voir; ton arrivée lui causera, j'en suis sûr, une fort agréable surprise, car elle t'aime, et elle t'aime beaucoup, ta tante, tu as dû t'en apercevoir.

— Quant à cela, je ne le nie pas. Mais vous ne m'avez pas encore dit, mon oncle, comment il se fait que vous soyez ici.

— Eh bien, voilà. Ta cousine s'est tellement plu au Havre l'année dernière, que, quand je lui ai proposé de faire encore cette année un petit voyage en Normandie, la laissant libre de tracer elle-même l'itinéraire que nous devions suivre, elle m'a demandé à revenir ici.

— Je ne crois pas, dit Juliette, qu'il y ait une ville dont le séjour soit plus agréable que le Havre.

— Voyez donc la petite enthousiaste! Et moi qui comptais voir du nouveau! Après tout, je ne puis me plaindre d'un caprice qui me procure le plaisir de rencontrer mon cher neveu. Mais je te demanderai, à mon tour, Maurice, comment tu te trouves au Havre.

— C'est bien simple. En nous quittant, l'année dernière, nous nous étions promis, Charles et moi, de continuer nos pérégrinations sur les côtes de France. Comme c'était au Havre que s'était achevé notre premier voyage, c'est au Havre que nous nous sommes donné rendez-vous cette année, cette ville devant être le point de départ de notre nouveau voyage.

Tout en causant, nous arrivâmes bientôt près de *Frascati*. La table d'hôte venait de sonner; ma tante attendait, sur la terrasse, le retour de son mari et de sa fille. Nous ayant aperçus de loin, elle vint à notre rencontre.

— Quelle bonne surprise! me dit-elle en me tendant la main, vous nous saviez donc au Havre, Maurice?

— Non, ma tante, et j'ai été fort étonné en rencontrant tout à l'heure mon oncle et ma cousine.

— Depuis quand êtes-vous ici?

— Il n'y a pas une demi-heure que je suis au Havre, j'arrive par l'express.

— Tout le monde est à table depuis un quart d'heure, fit observer ma tante; nous ferions bien d'entrer dans la salle à manger. Nous causerons en déjeunant.

— Veuillez, lui dis-je, me permettre de monter à ma chambre; dans quelques minutes je vous rejoins. Faites-moi, je vous prie, réserver une place près de vous.

HÔTEL DE VILLE DU HAVRE

CHAPITRE II

PROMENADE A HARFLEUR

Un quart d'heure plus tard, j'étais à table entre ma tante et ma cousine.

Elles me laissèrent charitablement le temps de satisfaire le féroce appétit que m'avait donné le voyage. Mais, quand elles pensèrent que j'avais repris assez de forces pour leur répondre, elles m'accablèrent de questions.

Avais-je été dernièrement à Orléans?... Mes parents étaient-ils en bonne santé?... Les attendait-on toujours à l'automne?... Le mariage de ma chère Hélène était-il tout à fait décidé?...

Quand j'eus à peu près satisfait leur curiosité,

— Je suppose que M. Dupré n'est pas au Havre, me dit mon oncle, quand l'attends-tu?

— Il devrait être ici; mais, au moment de quitter Paris, j'ai reçu de lui une lettre m'annonçant qu'une circonstance imprévue le forçait à demeurer encore trois jours à Calais. Mes bagages étaient déjà partis, sans quoi j'eusse moi-même remis mon voyage.

— Alors, c'est deux ou trois jours que vous avez à passer au Havre en l'attendant, fit observer Mme de Lussac.

— Oui, ma tante.

— Tant mieux, reprit mon oncle. Je bénis le contretemps qui retient M. Dupré dans sa famille.

— Et vous le pouvez en toute conscience, mon oncle, car ce contretemps n'est malheureux pour personne.

— J'en suis bien aise.... N'avions-nous pas fait des projets pour cette après-midi? ajouta-t-il, en se tournant vers sa femme.

— Oui, nous comptions aller à Harfleur. Je ne sais si cette ville mérite qu'on se dérange pour l'aller visiter, mais Juliette a grande envie de la connaître.

— Et pour lui faire plaisir, il n'est rien qu'on ne fasse, ajouta mon oncle en riant.

— Mais, reprit Juliette, mon cousin est peut-être fatigué.

— Moi, fis-je vivement, fatigué! pour être venu en chemin de fer de Paris au Havre! vous vous moquez, chère Juliette; cela est mal, moi qui vous croyais bonne.

— Et je veux vous prouver que je le suis, reprit en souriant la jeune fille. Laissons là une supposition qui vous blesse. Seriez-vous disposé à venir à Harfleur avec nous?

— Avec vous j'irais au bout du monde, sans vous demander où vous me conduiriez, repris-je galamment; mais aucune proposition ne pourrait m'être plus agréable que celle que vous me faites en ce moment. J'avais pensé bien des fois, l'année dernière, à aller à Harfleur, et si je ne vous en ai jamais parlé, c'est que le temps nous était compté trop parcimonieusement. Mais, en songeant que j'allais avoir quelques jours à passer au Havre, en attendant Charles, j'avais déjà fait des projets de promenades, et Harfleur devait être le but de ma première excursion.

— Alors tout est pour le mieux, dit mon oncle. On doit nous donner une voiture à une heure.

CHAPITRE II

— Allons nous habiller, dit ma tante.

Et elle sortit avec Juliette.

Mon oncle ne tarda pas à me quitter à son tour, et je remontai dans ma chambre pour faire à ma toilette quelques modifications indispensables.

HARFLEUR

A l'heure précise, notre voiture était devant la porte de l'hôtel; nous ne la fîmes pas attendre.

Le temps était superbe, et nous partions dans les meilleures dispositions pour jouir de la promenade.

Nous connaissions, en grande partie du moins, la route que nous allions parcourir; nous la savions magnifique, et nous étions heureux de revoir des sites dont nous avions conservé le plus agréable souvenir.

Nous traversâmes Ingouville, suivîmes la jolie route qui d'Ingouville conduit à Graville et, au bout de la longue et presqu'unique rue de ce dernier village, nous aperçûmes le célèbre clocher d'Harfleur; ce célèbre clocher

> Debout pour nous apprendre
> Que l'Anglais nous l'a pris, mais n'a su le défendre,

si l'on en croit Casimir Delavigne, dont les vers bien connus n'ont d'autre défaut que de manquer complètement de vérité historique, vu qu'il est maintenant parfaitement avéré que le clocher actuel d'Harfleur n'a été construit qu'après l'expulsion des Anglais.

CROIX DE GRAVILLE

CHAPITRE III

HARFLEUR (suite)

Situation d'Harfleur. — Son origine. — Son histoire.

Harfleur est située sur la Lézarde, petit affluent de la Seine, près de la rive droite du fleuve, au pied de collines boisées, dans une magnifique situation.

L'origine de la ville d'Harfleur, autrefois appelée Harflow, Hareflot ou Harfleu, et que nous trouvons encore désignée dans les archives de la localité sous les noms de Hardflew, Harofloth, Harfleat, Harofluet, Hareflew, remonte à la plus haute antiquité; mais on ne saurait assigner une date à sa fondation.

Des antiquaires ont cru reconnaître dans cette ville l'ancienne Caracotinum, ville romaine, où aboutissait une des voies principales de la seconde Lyonnaise.

Plusieurs spécimens de la céramique gauloise ainsi que des médailles fort curieuses, dont l'une porte l'effigie de l'empereur Commode, ont été trouvés, à Harfleur, dans la propriété d'un érudit, M. Viant.

La prospérité d'Harfleur s'accrut sous les ducs de Normandie. Au x⁰ siècle, cette ville, que Monstrelet appelle le *souverain port*, était le rendez-vous de toutes les nations ; elle était encore une très puissante ville maritime, quand, au commencement de la guerre de Cent ans, elle équipa une flotte contre les Anglais.

En 1415, Harfleur fut prise par Henri V, après un siège héroïquement soutenu par ses habitants, lesquels furent presque tous transportés à Calais, « sans pouvoir rien emporter qu'une partie de leurs vêtements et cinq sols par tête. »

Mais, en 1433, les *Quatre Cents* se révoltèrent, et, par un habile et heureux coup de main, reprirent Harfleur aux Anglais.

Trois ans plus tard, ceux-ci essayèrent vainement de reprendre la ville, qu'une poignée de braves avait arrachée à leur domination.

Cependant, en 1440, Talbot revint assiéger Harfleur ; ses guimbardes lancèrent sur la malheureuse cité d'énormes boulets de pierre ; il lui fallut céder et retomber sous le joug des Anglais.

Ce ne fut qu'en 1450 que Dunois rendit définitivement Harfleur à la France.

Jusqu'à la création du Havre, Harfleur fut le principal port de la Normandie ; mais, pendant les guerres du xvᵉ et du xvıᵉ siècle, plusieurs fois saccagée, elle vit détruire ses principaux monuments ; son port négligé s'ensabla, les alluvions de la Seine l'envahirent.

La fondation du Havre devait lui porter le dernier coup.

La ville de François Iᵉʳ hérita du commerce d'Harfleur.

Aujourd'hui, il ne reste rien à cette dernière ville de son ancienne prospérité. « Elle essaie, suivant l'expression de Jules Janin, d'asseoir des fabriques sur les ruines de ses remparts, et cultive des légumes dans ses anciens fossés transformés en jardins potagers. »

CHAPITRE IV

HARFLEUR (*suite*)

L'église d'Harfleur. — Ses vieilles maisons. — Réflexions inspirées par son état actuel. — Visite au château de M. de Labédoyère. — Histoire du chevalier de Béthencourt. — Projets.

Nous descendîmes de voiture devant l'église d'Harfleur, dont le clocher attirait depuis longtemps nos regards. Ce clocher pyramidal, haut de 83 mètres, a été bâti, quoi qu'on en ait pu dire, de 1480 à 1520; il est magnifique.

Après avoir admiré le portail à fronton brisé, que surmonte le clocher, ainsi que le portail latéral nord, orné de charmantes sculptures, nous entrâmes.

L'église d'Harfleur, placée sous le vocable de Saint-Martin, n'est pas moins intéressante à l'intérieur qu'à l'extérieur. Elle a trois nefs. On y remarque un retable en bois sculpté de la Renaissance, un beau buffet d'orgues, des boiseries sculptées du temps de Henri II, des pierres tumulaires également sculptées et fort artistement, dont l'une, datant de 1499 et placée au pied du maître-autel, représente une grande dame du temps, enfin des dalles funéraires avec des inscriptions et des figures.

Quand on a visité l'église, il reste peu de chose à voir à Harfleur : quelques maisons du xvi° siècle, un hôtel de ville dont l'escalier date de 1489, une statue élevée à la mémoire de Jean de Grouchy qui, en 1433, chassa les Anglais de la ville, voilà tout.

Ce n'est pas sans une profonde émotion, je dirai même sans un sentiment de réelle tristesse, que l'on parcourt cette ville, autrefois surnommée la Tyr normande, aujourd'hui simple chef-lieu de canton, sans importance et sans commerce. La vue de ses anciennes fortifications, dont il existe encore une partie considérable, augmente l'impression pénible produite sur le voyageur par la vue de son port abandonné, de ses rues désertes; il lui semble à chaque instant voir surgir, de ces ruines d'un autre âge, les ombres attristées des vaillants guerriers, dont le courage et le patriotisme la défendirent si souvent contre de dangereux ennemis, et qui, aujourd'hui, ne sauraient reconnaître dans cette ville abandonnée, dans cette ville morte, la glorieuse cité dont ils étaient si fiers.

Avant de reprendre le chemin du Havre, nous voulûmes visiter un joli château Renaissance, situé sur les bords de la Lézarde, petite rivière qui serpente à travers la ville avant de se jeter dans la Seine. Ce château, construit en pierre et en brique et qui appartient à M. de Labédoyère, fut entièrement restauré, il y a quelques années, par Violet-le-Duc. Ayant bien l'intention, en quittant Paris, de profiter de mon passage au Havre pour aller à Harfleur, je m'étais fait donner, par un de mes amis, une lettre de recommandation pour M. de Labédoyère. Celui-ci était absent quand nous nous présentâmes au château, mais un de ses parents l'habitait en ce moment. Je demandai à le voir et me réclamai du nom de mon ami. Aussitôt il se mit gracieusement à notre disposition pour nous faire visiter le château de son parent, dont il voulut nous faire lui-même les honneurs. Nous y remarquâmes principalement le lit de Jean Bart et la belle cheminée de la salle à manger. Celle-ci fait, paraît-il, l'admiration de tous les amateurs, et elle le mérite assurément, car elle est superbe.

Quand nous eûmes achevé de visiter l'intérieur du château, M. C*** nous proposa une promenade dans le parc. Nous acceptâmes nécessairement, et n'eûmes pas à le regretter, car ce parc est magnifique et contient des plantes exotiques d'une beauté tout exceptionnelle, dont Juliette, très amateur de plantes, fut émerveillée.

Quand nous quittâmes M. C***, il était déjà tard et nous n'avions que le temps de rentrer au Havre pour l'heure du dîner ; nous nous rendîmes donc en toute hâte à l'hôtel où notre cocher avait remisé sa voiture et le pressâmes d'atteler.

Pendant que nous l'attendions, une de ces affreuses images grossièrement coloriées, comme il s'en trouve dans beaucoup d'auberges, attira l'attention de Juliette. Elle représentait un chevalier, entouré de sa famille, debout sur le pont d'un navire, prêt à mettre à la voile et occupé par un grand nombre d'hommes. Au bas on lisait :

Départ du chevalier de Béthencourt pour son royaume des Hespérides.

— Qu'est-ce que le chevalier de Béthencourt ? me demanda ma cousine.

— Un chambellan de Charles VII, qui était né à Harfleur et qui devint roi du royaume des Hespérides.

— Comment cela ?

— C'est une curieuse histoire.

— Racontez-la-nous, Maurice.

— Je le veux bien.

— Le chevalier de Béthencourt avait un vieil oncle, Robin de Braquemont, amiral de Castille. « Cède-moi tes terres de Normandie, fit-il dire à son neveu, et, en échange, je te ferai nommer roi des îles Fortunées. »

» Les îles Fortunées, ou îles des Hespérides, étaient simplement les Canaries, retrouvées par les Dieppois et dont on faisait de merveilleux récits.

» Béthencourt s'embarqua, emmenant avec lui une légion de laboureurs, et il se rendit maître de la terre promise. Henri III de Castille lui accorda l'investiture royale, au commencement du xve siècle.

— Ce chevalier est un véritable héros de roman, dit Juliette.

— C'est vrai.

A ce moment, le cocher vint nous avertir que la voiture était prête. Nous partîmes aussitôt.

— Avais-je tort, dit Juliette à son père pendant le trajet, de vouloir aller à Harfleur? cette vieille ville n'est-elle pas intéressante?

— Oui, certainement, et nous avons fait un charmant voyage, je l'avoue.

Nous passâmes la soirée sur la jetée du Havre, où je retrouvai aussi vives, plus vives peut-être, mes impressions de l'année précédente.

— Je comprends, dis-je, m'adressant à Juliette, que vous ayez voulu revenir au Havre.

— N'est-ce pas que c'est beau, et qu'on est bien ici?

— Certainement.

Je tombai dans une profonde rêverie dont mon oncle me tira bientôt.

— Par où, me demanda-t-il tout à coup, comptez-vous, toi et ton ami, commencer votre voyage cette année?

CHAPITRE IV

— Par Honfleur.

— Irez-vous par mer? demanda Juliette.

— Oui.

— Si nous profitions de l'occasion pour faire la traversée avec Maurice? dit ma tante à son mari.

— C'est une bonne idée.

— Ce serait charmant, fis-je à mon tour, en regardant involontairement Juliette.

— Sans doute, reprit mon oncle, j'aurais d'ailleurs grande envie d'étendre un peu le cercle de nos excursions aux environs du Havre. Si ces dames étaient de mon avis, d'Honfleur nous irions à Trouville et nous y passerions quelques jours.

— Je ne demande pas mieux, dit ma tante.

— Qu'en penses-tu, Juliette?

— Je serai enchantée d'aller à Trouville, si cela vous fait plaisir, mon père.

— Tu ne veux pas avouer que je vais au-devant de tes désirs. Il est pourtant bien naturel que tu aies envie de connaître la plage à la mode.

— Je vous assure que je ne suis pas attirée vers Trouville par sa réputation d'élégance.

— Alors, tu n'y veux pas aller.

— Je n'ai pas dit cela, mon père, reprit vivement la jeune fille.

— Je croyais comprendre ta pensée.

— Je désire voir Trouville, mon père, parce que j'ai entendu vanter souvent sa plage magnifique et ses charmantes promenades; quant aux plaisirs qu'on s'y procure et aux personnes qu'on y rencontre, je m'en soucie peu.

— Tu es une fille trop raisonnable pour qu'il en soit autrement.

Quant à moi, j'avoue que je serai très content de vérifier par moi-même si cette plage tant vantée mérite sa réputation. Si tu veux bien, Maurice, et que cela ne contrarie pas M. Dupré, nous partirons avec vous pour Honfleur, et de là, nous irons ensemble à Trouville.

— Vous avez toujours d'excellentes idées, mon oncle; de cette façon nous passerons encore ensemble une huitaine de jours. Je ne regrette qu'une chose, c'est que vous ne veniez pas jusqu'à Cherbourg avec nous.

— Vous voyagez le plus souvent à pied et vous avez raison, c'est une excellente manière de voyager; mais je suis bien forcé d'avouer que je serais incapable de vous suivre, et je crois que ces dames ne seraient pas moins embarrassées que moi pour vous accompagner.

— Qui sait? dit en riant Juliette; il me semble, moi, que j'aurais grand plaisir à voyager pédestrement et que je m'en tirerais tout comme un homme.

— J'en suis certain, ma cousine.

— Elle ne doute de rien, reprit mon oncle, mais en attendant que Juliette entreprenne son tour de France, le bâton à la main et le sac au dos, que ferons-nous demain?

— Je ne sais; ces dames ont peut-être des projets.

— Aucun, répondirent en même temps ma tante et ma cousine.

— Quelle promenade pourrions-nous faire, Maurice? demanda ma tante.

— Je ne sais. Si le temps est beau comme la soirée semble le promettre, nous pourrions aller voir les ruines du château de Tancarville.

— Ah! oui, fit Juliette, on les dit si belles.

— Le trajet est assez long, je crois? demanda mon oncle.

— Trente-deux kilomètres. Mais nous pourrons l'abréger en

CHAPITRE IV

prenant le chemin de fer jusqu'à Saint-Romain, cette station n'est qu'à quatorze kilomètres de Tancarville.

— Et nous trouverons une voiture à Saint-Romain ?

— J'en réponds.

— Alors, c'est entendu.

— Il ne s'agit plus que de savoir à quelle heure nous devrons partir.

— Nous nous en informerons à l'hôtel. Il est temps de rentrer, ajouta ma tante, dix heures sonnent.

— Vraiment ! fis-je étonné.

— J'étais loin de croire qu'il fût si tard, observa Juliette.

Nous nous levâmes.

En arrivant à l'hôtel, mon oncle consulta son *Indicateur*.

— Il faudra être matinal, nous dit-il, si vous ne voulez pas arriver trop tard à Tancarville. Le train part d'ici à sept heures moins un quart.

— Je serai prête, dit ma tante.

— Et moi aussi, ajouta Juliette.

— Soyez sûrs que je ne vous ferai pas attendre, repris-je ; quant à mon oncle, son exactitude est proverbiale.

— Eh bien alors, le rendez-vous est à six heures et demie.

— C'est entendu.

CHAPITRE V .

LE CHATEAU DE TANCARVILLE

Histoire du château et des seigneurs de Tancarville.

Le lendemain, à l'heure convenue, nous partions du Havre par le train de Paris; une demi-heure plus tard, nous nous arrêtions à la station de Saint-Romain, où nous trouvions facilement la voiture dont nous avions besoin pour achever notre voyage. Avant dix heures, nous étions à Tancarville.

Nous descendîmes à l'*Hôtel du Havre;* c'est là que se trouvent les clefs du château, c'est au propriétaire de cet établissement que doivent s'adresser les voyageurs qui désirent le visiter. Après nous être assurés qu'on nous y conduirait quand nous le voudrions, nous priâmes notre hôte de nous faire servir à déjeuner. C'était pour l'instant le plus pressé.

Mais, bon gré mal gré, il nous fallut attendre près d'une heure avant de pouvoir assouvir notre faim. Le déjeuner, fort simple pourtant, que mon oncle avait commandé, demandait, paraît-il, de longs préparatifs et tous les éléments ne s'en trouvaient sans doute pas dans l'établissement.

Pour nous faire prendre patience, notre hôte crut devoir nous tenir compagnie ; nous en profitâmes pour le faire causer, ce qui n'est pas difficile. Il sait par cœur et aime à redire l'histoire du vieux château, dont les ruines font sa fortune en attirant la clientèle dans son établissement. Il nous donna d'intéressants détails sur l'origine du château de Tancarville et sur les différents propriétaires entre les mains desquels il passa successivement.

Je crois être agréable au lecteur, en consignant ici les renseignements que nous donna ce brave homme et en les complétant au besoin.

L'origine du château de Tancarville remonte, d'après toutes les probabilités, au xiie siècle.

Les sires de Tancarville étaient de hauts et puissants seigneurs, qui remplissaient, en vertu d'un droit héréditaire, les fonctions de chambellans des ducs de Normandie, rois d'Angleterre.

L'un d'eux fut tué durant la croisade à laquelle il avait accompagné Richard Cœur de Lion. Philippe-Auguste, quand il s'empara de la Normandie, dut conserver leurs privilèges aux sires de Tancarville. Parmi les droits, dont il leur assura la jouissance, il en était un assez singulier : tout navire, venant d'Irlande et allant à Rouen, devait fournir aux sires de Tancarville un *autour;* ce bizarre tribut pouvait se remplacer par une somme de seize sous.

Un sieur de Tancarville combattit, à la bataille de Bouvines, auprès de Philippe-Auguste ; un autre suivit saint Louis en Terre-Sainte et mourut pendant la croisade. Son cœur fut rapporté en Normandie.

L'avant-dernier des Tancarville fut un Robert, qui mourut aux côtés du comte d'Artois pendant la guerre de Flandre. Son fils Guillaume, qui avait épousé la fille d'Enguerrand de Marigny, mourut jeune, et en lui s'éteignit la vieille et noble famille, dont le cri de guerre : « Tancarville à Notre-Dame » avait retenti sur tant de champs de bataille.

La sœur de Guillaume, héritière de ses biens, les porta dans la maison de son mari, Jean de Melun.

Le château de Tancarville était passé dans la maison d'Harcourt, quand les Anglais s'en emparèrent. Il fut rendu, sous Charles VII, à Guillaume d'Harcourt, compagnon de Xaintrailles et de Dunois. Mais bientôt, il dut encore changer de maîtres ; il passa entre les mains des ducs de Longueville ; devenu seulement une possession de cette puissante famille, il perdit de son importance. Les Anglais le prirent de nouveau sous Charles IX, mais il fut bientôt repris par Pierre de Castelnau. Il servit de point de mire à tous les partis pendant les guerres de religion.

En 1709, la duchesse de Nemours vendit le château de Tancarville au comte d'Evreux. Celui-ci fit bâtir le château moderne, mais il s'en lassa bientôt, et le revendit au fameux banquier Law.

La vente ayant été résiliée quelques années plus tard, le château de Tancarville fut acheté par le comte de Montmorency-Luxembourg. Il resta dans la famille des Montmorency jusqu'à la Révolution française et fut confisqué comme bien d'émigré.

En 1796, il était loué cent francs. Le premier consul en fit don aux hospices du Havre, mais Charles X le rendit à Mme de Montmorency, moyennant une indemnité de six mille francs à payer aux hospices dépossédés.

Le château de Tancarville appartient aujourd'hui à M. de Lambertye.

CHAPITRE VI

LE CHATEAU DE TANCARVILLE (*suite*)

Position du château. — Aspect et description des ruines de Tancarville. Les cheminées. — La terrasse du château neuf. — La Pierre-Gante.

Le château de Tancarville, véritable nid d'aigle, bâti sur une falaise de cinquante mètres de hauteur, s'élève sur un plateau de forme triangulaire dont la Seine et deux ravins forment les côtés ; cette forme est suivie par l'ensemble des courtines et des tours qui composaient la forteresse.

Aussitôt après le déjeuner, nous demandâmes un guide au propriétaire de l'hôtel, et, sans perdre de temps, nous nous dirigeâmes vers les ruines de Tancarville. L'aspect de ces ruines imposantes et grandioses commande l'admiration, et inspire involontairement le respect du passé. A mesure que nous en approchions, mon imagination, ressuscitant les vaillants guerriers qui, derrière les murailles de l'antique manoir, attendaient et défiaient l'ennemi, je croyais voir errer au milieu de ces ruines leurs ombres gigantesques; au bruissement des feuilles que le vent agitait derrière moi, se mêlait un cliquetis d'armes.

Je me retournai.

Ma physionomie exprimait, sans doute, l'inconsciente terreur dont j'étais saisi, car Juliette, qui marchait, avec sa mère, à quelques pas derrière moi, partit d'un grand éclat de rire.

— Qu'avez-vous donc, Maurice? me dit-elle en même temps, vous me faites peur.

— Vraiment, lui répondis-je, piqué, je ne me savais ni si terrible, ni si drôle.

— Ne vous fâchez pas, mon cousin, si je vous ai froissé, c'est involontairement; mais vous faisiez une si singulière figure quand vous vous êtes retourné, qu'il m'eût été impossible de tenir mon sérieux.

— Je vous pardonne, répondis-je un peu sèchement.

Et je rejoignis mon oncle qui marchait en avant.

Nous ne fûmes pas longtemps à arriver en haut de la falaise.

Comme nous approchions du château, Juliette se rapprocha de moi.

— Ces vieux murs me font peur, me dit-elle.

— Ah! fis-je, vraiment! je ne l'aurais pas cru; vous étiez si gaie tout à l'heure.

— Encore des reproches! Vous m'en voulez donc bien d'avoir osé rire de vous?

— Je vous en veux, Juliette, de ne pas m'avoir compris.

— Je vous comprends maintenant, mon cousin, car depuis un instant, je ne sais ce qui se passe en moi; en face de ces ruines, je me sens saisie d'une inexprimable tristesse. Ils étaient solidement construits, ces murs; ils étaient grands, les hommes qui habitaient ce manoir, et les hommes sont oubliés et les murs s'écroulent. C'est ainsi que le temps détruit tout en ce monde.... Et les hommes se croient quelque chose!

CHATEAU DE TANCARVILLE. — ENTRÉE PRINCIPALE DES RUINES

CHAPITRE VI

Mon oncle se rapprocha de nous, nous arrivions à la porte du château :

— Regardez donc le beau lierre, nous dit-il.

L'entrée du château de Tancarville est flanquée de deux tours. L'immense lierre sur lequel mon oncle attirait notre attention recouvre entièrement celle de droite, il est magnifique. Une meurtrière garnie de treillis de fer se remarque dans la tour de gauche.

Dans les tours du château se trouvaient, autrefois, les prisons et le logement du capitaine.

Trois tours principales s'élèvent aux trois pointes de l'enceinte triangulaire, entre elles on remarque sept tours intermédiaires.

Sur la pointe la plus élevée de la falaise, se dresse la tour de l'Aigle, haute de vingt et un mètres, dont la tourelle octogone est très remarquable. Le premier étage de cette tour renferme une salle voûtée qui servait de chartrier; au second, on nous montra un vieux coffre en chêne et deux pièces d'artillerie fort curieuses.

La tour du Lion, ou du Diable, que nous visitâmes ensuite, a un mur d'une épaisseur de six mètres, lequel contient un cachot que l'on dit avoir été hanté par le diable.

A l'angle sud-ouest, est la tour Coquesart, qui fut exhaussée et en grande partie reconstruite au xve siècle. Elle est entourée d'un magnifique massif de noyers, dont le feuillage produit un effet magique au milieu de ces ruines noircies par le temps.

A l'angle sud se dresse la tour carrée, haute de vingt mètres, et qui se compose de quatre étages. Nous visitâmes cette tour avec un intérêt tout particulier. C'est la partie la plus ancienne du château; on y voit des restes de peintures des xive et xve siècles.

Les bâtiments ruinés de l'ancien manoir, adossés au rempart du sud, qui relie la tour Coquesart à la tour carrée, comprennent, à ce que l'on croit, les débris de la chapelle, de la chambre aux chevaliers et de la grande salle. Deux cheminées, dont une très ornée, et deux portes ogivales attirent l'attention des archéologues qui visitent cette partie du château.

Dans une grande salle, appelée bâtiment des grandes cheminées, on nous montra trois superbes cheminées ornées de colonnes.

Nous avions fini de visiter les ruines du vieux château; notre guide nous conduisit sur la grande terrasse où s'élève le château neuf, bâti de 1709 à 1727, et qui est aujourd'hui dans un complet état de délabrement. De cette terrasse, on jouit d'une vue splendide.

— Nous avons tout vu, maintenant, nous dit cet homme.

Il nous reconduisit à la porte du château. Mon oncle le récompensa de la peine que nous lui avions donnée, en lui glissant dans la main un généreux pourboire, et nous nous éloignâmes, l'esprit encore tout plein des sévères pensées que nous avait suggérées la visite de ces belles et poétiques ruines, vestiges grandioses d'un temps à jamais disparu.

Je regardai ma montre, elle marquait trois heures.

— Comme nous n'avons pas besoin de partir d'ici avant deux heures, j'ai bien envie de dessiner le château, dis-je en tirant mon album de ma poche.

— Vous le verrez de trop près ici, mon cousin! me dit Juliette.

— C'est vrai.... Mais où me placer ?

Je regardai autour de moi. En face de la falaise sur laquelle s'élève le château, il est une autre falaise dont la crête est formée par un rocher surplombant la Seine, rocher qui, je l'ai su depuis, s'appelle Pierre-Gante. Cette falaise est plus élevée que celle sur laquelle nous nous trouvions, et il était facile de se rendre compte qu'elle devait la dominer et embrasser par conséquent l'ensemble des ruines.

Je montrai cette falaise à Juliette.

— Voilà, lui dis-je, où je serais bien.... C'est là que je veux me placer, continuai-je, j'aurai bientôt fait de descendre d'ici et de gravir l'autre falaise; quant à vous, vous descendrez doucement et m'attendrez en bas. Il ne me faudra pas longtemps pour faire mon croquis.

— Va, me dit mon oncle, et surtout ne t'oublie pas, ou plutôt ne nous oublie pas.

— Soyez sans inquiétude.

Je me mis aussitôt en devoir de descendre la falaise, ce que je fis en fort peu de temps; j'en mis davantage pour atteindre le sommet de celle d'où j'avais résolu de dessiner le château. J'y arrivai cependant, et restai stupéfait d'admiration en présence du magnifique tableau qui se déroulait devant moi; à droite, j'embrassais d'un coup d'œil tout l'ensemble des ruines de Tancarville qui, vues de cette place, semblaient plus imposantes et plus belles encore que de près; à gauche, je dominais le bassin de la Seine sur une vaste étendue. C'était superbe, et je regrettai d'être seul à admirer ce splendide spectacle. Si j'eusse pu penser que ma voix parvint jusqu'à mes compagnons de voyage, je les eusse engagés à me rejoindre; mais ils étaient trop loin, et le vent qui soufflait violemment ne portait pas de leur côté.

Trois quarts d'heure plus tard, je les avais rejoints.

— J'ai eu bien raison, dis-je à ma cousine en l'abordant, de monter là-haut; vous ne sauriez vous imaginer de quelle vue splendide on y jouit.

— Ne me le dites pas, je vous en prie, j'aurais trop de regret d'être restée ici. Mais, ajouta-t-elle, montrez-nous du moins votre esquisse.

Je la lui montrai; mon oncle et ma tante s'approchèrent.

— C'est vraiment bien agréable de pouvoir ainsi fixer ses souvenirs, me dit ma tante.

— Oui, fit Juliette en soupirant.

— Que ne puis-je être votre professeur, Juliette !

— Il me semble que je ne serais pas une trop mauvaise élève.

— Heureusement pour vous que nous n'habitons pas Paris, car Juliette vous prendrait au mot, reprit ma tante.

— Je serais trop honoré et trop heureux si je pouvais quelque jour donner des leçons à ma cousine.

En disant cela, je regardais Juliette. Il me sembla qu'elle rougissait un peu.

— Il ne faut pas manquer le chemin de fer, dit à ce moment mon oncle, car nous arriverons déjà tard.

Nous nous dirigeâmes aussitôt vers l'hôtel.

Notre retour au Havre s'effectua sans autre incident.

PLACE DU THÉATRE AU HAVRE

CHAPITRE VII

DU HAVRE A HONFLEUR

Traversée en bateau à vapeur. — Vue magnifique des environs.

Le lendemain de notre promenade à Tancarville, nous fûmes réveillés par une pluie torrentielle. Nous dûmes passer la journée à l'hôtel.

A midi, comme nous sortions de déjeuner, je reçus une lettre de Charles Dupré, m'annonçant son arrivée pour le soir.

« Si le temps le permet, m'écrivait-il, nous pourrons partir dès demain pour Honfleur; nous avons perdu trois jours, il faut les rattraper, car nous avons du chemin à parcourir, et surtout bien des choses à voir du Havre à Cherbourg. »

Je lus tout haut cette phrase de la lettre de Charles.

— Si vous le désirez, mon oncle, ajoutai-je, nous remettrons bien notre départ d'un jour ou deux pour avoir le plaisir de voyager avec vous.

— Qu'est-ce qui nous empêche de partir demain pour Honfleur? dit ma tante.

— Rien, reprit mon oncle; pour ma part, je ne demande pas mieux.

— Nos préparatifs ne seront pas longs à faire, ajouta Juliette, mais pourvu que le temps soit plus beau qu'aujourd'hui!

— Ah! cela c'est la condition *sine qua non*. Mais le vent a tourné depuis ce matin, et j'entendais tout à l'heure un marin assurer que le mauvais temps ne durerait pas.

— Puisse-t-il avoir dit vrai!

Le soir, en effet, Charles arrivait au Havre, où il ne fut pas moins charmé que surpris de rencontrer la famille de Lussac, dont il avait conservé le meilleur souvenir.

Le lendemain, le temps était complètement remis, et la mer, parfaitement calme, nous promettait un heureux voyage. Nous envoyâmes dès le matin retenir nos places sur le steamer qui, chaque jour, fait la traversée du Havre à Honfleur. Comme il ne partait qu'à onze heures, quand nous fûmes tous prêts, nous allâmes faire nos adieux à notre chère jetée. Elle était couverte de monde, on attendait plusieurs gros navires, partis depuis longtemps et dont le retour était une fête pour les Havrais. Nous y passâmes une heure, puis nous nous acheminâmes tranquillement vers le Grand-Quai.

A peine étions-nous en route que la cloche du bord fit entendre son carillon.

— C'est le premier coup, dit mon oncle à ma tante, qui aussitôt pressait le pas; nous avons tout le temps d'arriver.

En effet, quand on sonna le second coup, nous étions déjà tout près du bateau, et nous étions parfaitement installés sur le pont, quand un troisième tintement, plus accéléré cette fois, avertit les retardataires d'avoir à se hâter.

L'embarquement ne fut pas long, les bagages avaient été chargés d'avance.

Nous partîmes.

Le temps était si calme, que nous sentions à peine le léger balancement du bateau. La mer, sans vagues, frappée par les rayons d'un soleil splendide, offrait aux regards l'aspect tranquille d'un lac.

A peine sortis des jetées, les hauts fonds, les bancs de sable et de vase, dont les nuances terreuses nous révélaient la présence, nous avertirent que nous entrions dans l'axe de la Seine. Nous passâmes devant les estacades de l'Eure, destinées à défendre la ville basse contre l'envahissement des eaux, devant le cap de Hoc et devant le Lazaret.

— Je croyais, dit mon oncle en entendant un voyageur nommer ce bâtiment, que les quarantaines se faisaient maintenant dans un des bassins du Havre.

— C'est vrai, Monsieur, répondit le voyageur, cet ancien lazaret est aujourd'hui sans usage; il a pourtant un gardien, ajouta-t-il avec un sourire, mais les fonctions de cet homme sont une véritable sinécure.

Nous avancions toujours; le magnifique coup d'œil de la Seine, que sillonnaient plusieurs navires, captivait l'attention de tous.

— Retournez-vous, dis-je tout à coup à mes compagnons de voyage, et regardez à votre droite.

— C'est le château de Tancarville que je vois là-bas, dit Juliette, et ce clocher est celui d'Harfleur. Quels sont donc ces bois et ce château plus près de nous?

— Les bois et le château d'Orcher. Plus loin, avant Tancarville, vous apercevez le cap de la Hode.

— Quel merveilleux coup d'œil, n'est-ce pas, mon père? ajouta

Juliette en se tournant vers mon oncle, près duquel elle était assise.

— Oui, répondit-il avec distraction.

— Mais où regardes-tu donc? reprit-elle.

— Je regarde ce que nous allons bientôt perdre de vue : le Havre, Ingouville, Sainte-Adresse, le cap et les phares de la Hève; je ne puis en détacher mes yeux.

Tous nos regards étaient maintenant dirigés du côté du Havre, et, comme mon oncle, nous admirions le splendide tableau qu'offre l'entrée du port.

— Décidément, dit Juliette, tout cela est trop beau, on ne sait où regarder.

— Moi, reprit Charles, je regarde tout simplement devant moi, et ce que je vois me satisfait pleinement.

Il n'avait pas en effet tourné la tête.

Pendant que nous regardions en arrière, le bateau qui avançait toujours, laissant de côté l'embouchure de la Seine, se dirigeait directement vers Honfleur.

Déjà se dressait devant nous la vieille ville si pittoresquement située au pied de la côte de Grâce, dont la luxuriante végétation lui forme une couronne de verdure; plus loin, à gauche, on apercevait Trouville et Deauville avec leurs belles plages bordées de riches hôtels et de coquettes villas; toujours à gauche, les rochers de Villerville; à droite, la pointe de la Roque; à l'horizon, celle de Quillebœuf complétaient ce tableau vraiment digne d'attirer et de fixer les regards.

Encore quelques minutes et nous étions arrivés.

— La traversée est vraiment trop courte, dit Juliette.

— C'est qu'aussi le temps nous a été bien favorable, observa ma tante.

BARRE DE LA SEINE

— Cette traversée n'est pas toujours aussi agréable, et paraît quelquefois bien longue, dit un voyageur qui avait entendu l'exclamation de ma cousine. Je l'ai faite en sens inverse il y a huit jours, elle a duré près d'une heure, et, pendant tout le temps, le pont offrait un spectacle que je vous souhaite de ne jamais voir, Mademoiselle.

— Tout le monde était-il malade? demanda ma tante.

— Tout le monde, excepté moi, qui ne le suis jamais. Mais je n'en étais pas plus heureux.

On était à Honfleur.

Déjà les passagers se dirigeaient vers le débarcadère.

— Descendez à terre avec ces dames, dis-je à mon oncle; Charles et moi, nous nous occuperons de reconnaître et de faire transporter les bagages.

— C'est cela, répondit-il, nous irons vous attendre à l'*Hôtel du Cheval-Blanc*.

— Surtout, n'oubliez rien, me cria ma tante en s'éloignant. Cinq colis....

— Je sais.

Ce ne devait pas être une petite besogne que le déchargement des bagages entassés ce jour-là dans la cale du bateau. Les passagers étaient nombreux, et nombreuses surtout les passagères. Je ne saurais dire combien de caisses, de valises, de cartons à chapeaux et boîtes de toute espèce me passèrent devant les yeux, avant que je reconnusse les cinq colis qui composaient notre bagage. Je commençais à croire qu'on les avait oubliés au Havre, quand je les aperçus enfin sous un amoncellement d'objets de toute nature. Rassuré, j'attendis dès lors plus patiemment.

Le moment arriva enfin où, les ayant vu charger sur le dos du commissionnaire qui devait les porter à l'hôtel, nous pûmes rejoindre nos compagnons de voyage. Les dames avaient voulu nous attendre pour se mettre à table, mais mon oncle se plaignait d'une faim formidable.

Il ne nous fut même pas permis de monter à nos chambres avant le déjeuner.

SAINTE-ADRESSE

CHAPITRE VIII

HONFLEUR

Origine d'Honfleur. — Son histoire jusqu'à nos jours.

Honfleur, ville fort ancienne, aujourd'hui bien déchue de son ancienne splendeur, est située sur la rive gauche et à l'embouchure de la Seine; la vallée ravissante, dans laquelle elle est située, était autrefois le point de jonction de quatre anciennes voies gauloises, et se terminait du côté de la mer, près de l'endroit où s'élève aujourd'hui cette ville, par une bourgade désignée par les Romains sous le nom d'Iccius. Jules César, au retour de sa seconde expédition en Bretagne, débarqua à Portus-Iccius.

La ville maritime de Portus-Iccius ou Portus-Niger était placée, croit-on, un peu plus en avant de la côte que la ville moderne; une partie du terrain qu'elle occupait a été envahie et détruite par les flots.

C'est dans la baie de Seine que César avait rassemblé les navires qu'il voulait conduire en Grande-Bretagne. En partant, il avait établi sur la côte de Grâce les troupes de Sabinius, son lieutenant.

Plus tard, en 296, un camp retranché fut établi au même endroit pour défendre la côte contre les invasions des Normands, ce qui ne l'empêcha pas d'être livrée au pillage sous les successeurs de Constantin (en 350).

Au commencement du vie siècle, une ville nouvelle s'élevait sur les ruines de Portus-Niger; c'était celle d'Honne-Flew (Honfleur). Elle fut fortifiée à la fin du règne de Charlemagne, époque où les Normands envahissaient la Neustrie par les côtes et par l'embouchure de la Seine.

Le canton d'Honfleur fut compris dans les propriétés ducales de Rollon, chef des Normands, lorsque, sous le règne de Charles le Simple, le traité de Saint-Clair-sur-Ept reconnut sa domination sur les pays qui avoisinent la Seine, et qui prirent alors le nom de Normandie.

Honfleur resta sous la domination directe des successeurs de Rollon, jusqu'en 1040, époque où Guillaume le Conquérant, devenu roi d'Angleterre, en donna la propriété à Herlewin de Conteville, un de ses grands vassaux, le seul qui, après sa mort, ne devait pas l'abandonner.

Guillaume II, petit-fils d'Harlewin, ayant vainement réclamé de Henri Ier le comté de Kent, comme héritier d'Odon, évêque de Bayeux, son oncle, livra au roi d'Angleterre, le 27 septembre 1106, la bataille de Tinchebray; il fut vaincu et enfermé, et Honfleur, ainsi que toutes ses possessions, tombèrent au pouvoir du roi d'Angleterre.

Sous le règne d'Étienne, successeur de Henri Ier, Geoffroy, duc d'Anjou, s'empara d'Honfleur.

En 1204, Honfleur fut prise par Philippe-Auguste, mais il la céda l'année suivante à Robert Bertrand, baron de Rancheville; elle resta dans la famille de Robert Bertrand pendant un siècle et demi.

Honfleur était devenue une importante place maritime et commer-

CHAPITRE VIII

ciale lorsqu'éclata la guerre de Cent ans; Honfleur avait six navires à l'Écluse.

Lorsqu'en 1346, Édouard III envahit la Normandie, il s'empara d'Honfleur.

En 1353, le traité de Mantes donna la Normandie à Charles le Mauvais, roi de Navarre, dont le frère livra Honfleur aux Anglais en 1357.

Les Français, sous le commandement de Robert de Clermont et de Louis d'Harcourt, étant venus par la Seine s'établir devant Honfleur qu'ils voulaient reprendre, les Anglais soutinrent victorieusement l'assaut. Louis d'Harcourt, vaincu à Fatouville, fut conduit prisonnier à Honfleur.

Ce ne fut qu'en 1367 que les Anglais évacuèrent les côtes normandes.

Louis d'Harcourt devint gouverneur de Normandie pour le roi de France; il en céda la baronnie à la veuve du sieur de Rays.

La flotte d'Honfleur eut une part glorieuse à la guerre qui chassa les Anglais de leurs possessions françaises, et se termina par le traité de Brétigny.

Le célèbre défenseur de Calais, Jean de Vienne, ayant été nommé gouverneur d'Honfleur, Jean Béthas soutint vigoureusement deux assauts contre Salisbury, lieutenant de Henri V, et, obligé enfin de capituler, sortit de la ville avec armes et bagages.

Mais, en 1450, Honfleur fut reprise par Dunois. Ce fut une des dernières villes de Normandie dont furent chassés les Anglais.

Les marins honfleurais avaient acquis à cette époque une renommée égale à celle des marins dieppois. Avant Christophe Colomb et Vasco de Gama, ils avaient déjà fait plusieurs voyages à la côte d'Afrique. Binot Paulmier, l'un d'eux, découvrit, en 1503, l'île de Madagascar.

Sous Louis XII, les navires d'Honfleur, sous le commandement de

René de Clermont, prirent part à plusieurs combats heureux contre les Anglais.

A partir du règne de François Ier, Honfleur commença à déchoir de son ancienne splendeur. Deux fois déjà, en 1490 et 1508, les sables avaient obstrué son port, au point qu'on avait dû rétablir ses communications avec la mer; c'est alors que l'amiral Bonnivet, gouverneur d'Honfleur, chargea le vice-amiral Guyon-Leroy de fonder, dans la crique du Havre, une ville destinée à remplacer Honfleur, que désertait la mer.

Honfleur eut beaucoup à souffrir pendant les guerres de religion; protestants et ligueurs y eurent tour à tour le dessus, nombre de maisons furent incendiées, nombre d'habitants périrent.

Cependant la vase continuait toujours à menacer le port. Henri III y fit faire quelques travaux. Après sa mort, Villars s'empara d'Honfleur, pour le compte de la Ligue.

Henri IV la reprit en 1590, mais les ligueurs ne la lui abandonnèrent qu'après un siège pendant lequel ils brûlèrent cinq à six cents maisons.

En 1690, reprise par Villars, la ville d'Honfleur vit ses faubourgs pillés, et subit une canonnade de deux jours.

Honfleur fut une des dernières villes qu'occupèrent les ligueurs après l'abjuration de Henri IV. Ce ne fut qu'après un siège sanglant qui dura plusieurs jours, qu'elle fut enfin reprise par le duc de Montpensier. Plus de trois mille coups de canon avaient été tirés sur la malheureuse ville.

Pendant les dernières années du règne de Henri IV, Honfleur parut se relever de ses ruines; elle reprit ses armements pour Terre-Neuve et le Canada.

En 1636 et 1640, elle fit des armements considérables pour le ravitaillement des Antilles françaises.

CHAPITRE VIII

Pendant les troubles de la Fronde, les agitations de la politique ne l'empêchèrent pas d'armer pour Terre-Neuve vingt-six navires, lesquels furent pris ou détruits, en pleine paix, par les Anglais, à la hauteur du cap de la Hogue.

En 1757, une nouvelle guerre contre les Anglais acheva de ruiner le commerce d'Honfleur, qui perdit vingt-huit navires sur cinquante-six qu'elle envoyait en Guinée, au Canada et dans d'autres parties de l'Amérique.

Les lourdes charges imposées à Honfleur pour la défense des côtes de Normandie toujours menacées par les Anglais, achevèrent de l'accabler. Son histoire, à partir de cette époque jusqu'à la fin du siècle dernier, offre peu d'intérêt.

Lorsque Napoléon voulut faire une descente en Angleterre, Honfleur prit une grande part aux constructions navales destinées à cet usage.

A partir de ce moment, et surtout depuis 1830, le port d'Honfleur reprit une certaine prospérité. Durant le dernier empire, de grands efforts furent faits par les Honfleurais pour le développement de leur commerce et de leur marine, efforts qui furent favorisés par l'établissement du chemin de fer de Pont-l'Évêque à Honfleur. Mais c'est surtout depuis 1871, qu'Honfleur, grâce aux nombreux et importants travaux entrepris et exécutés par le gouvernement, pour l'amélioration de son port, a pris un accroissement considérable.

Honfleur occupe aujourd'hui le dixième rang parmi les ports français.

CHAPITRE IX

HONFLEUR (*suite*)

La jetée de l'ouest. — Le port. — L'église Saint-Léonard.
Les anciennes maisons.

Dès que nous eûmes achevé de déjeuner, nous sortîmes. Voulant commencer par visiter la ville, nous nous rendîmes d'abord sur la grande jetée ou jetée de l'ouest. De l'extrémité de cette jetée, qui est très belle et s'avance fort loin dans la mer, on jouit d'une vue magnifique. En face de soi, l'embouchure de la Seine, le Havre et les phares de la Hève; à droite, la jetée et le phare de l'est; à gauche, le phare de l'hôpital.

Nous restâmes assez longtemps sur la jetée, nous avions peine à nous arracher au charme du spectacle.

Cependant mon oncle avait grande envie de visiter le port. Nous revînmes sur le quai de la Planchette, passâmes devant le débarcadère des bateaux, et nous nous trouvâmes bientôt devant la tour de la Lieutenance, château du XVIe siècle, dans lequel est enclavée la porte de Caen, et qui est à peu près tout ce qui reste des fortifications d'Honfleur (1), le vieil Honnefleu, ou Honfluet, *la rude et maîtresse place de guerre que moult merveilleusement entouraient larges fossés bien porvues d'eau.*

Nous traversâmes un pont mobile en face de l'hôtel, et passant devant le marché aux poissons, bientôt nous arrivâmes, par la rue de la Ville, à la place des Anciens-Fossés. Nous étions en face du port.

Le port d'Honfleur est composé de quatre bassins à flots, précédés d'un avant-port, d'un gril de carénage, d'une vaste retenue, dont les écluses de chasse garantissent le chenal contre l'envahissement des vases de la baie de Seine. On traverse ces bassins sur des ponts-levis.

Bien abrité et éclairé par trois phares, deux à feux fixes et un troisième qui, par un système particulier de feu tournant à éclat coloré, marque la hauteur d'eau dans la passe d'entrée.

— Le port d'Honfleur est un des ports de relâche les plus utiles de la Manche, nous dit mon oncle en nous expliquant l'utilité des immenses travaux exécutés, dans ces derniers temps, pour éviter l'envahissement du port d'Honfleur et favoriser l'extension de son commerce.

— Le commerce d'Honfleur est-il bien important maintenant? lui demandai-je.

— Le port d'Honfleur doit recevoir environ 2,500 navires par an, me répondit-il. Ces navires transportent des bois, des fers, des fontes, des charbons et aussi du cidre, de la volaille, des fruits et des légumes.

Quand nous eûmes achevé de visiter le port, nous nous rendîmes à l'église Saint-Léonard, située, tout près de là, sur une élévation.

(1) On trouve encore quelques restes de ces fortifications, place Thiers, près de l'hôpital.

CHAPITRE IX

La plus grande partie de cette église date du XVIIe siècle, mais son beau portail dentelé est des XVe et XVIe siècles; la tour octogone, laquelle renferme, nous a-t-on dit, une belle sonnerie du XVIIIe siècle, est de la même époque.

L'intérieur de l'église a été récemment restaurée. On y remarque d'assez jolies peintures décoratives, un beau lutrin en cuivre jaune,

PORT D'HONFLEUR

représentant un aigle tenant un serpent dans ses serres, exécuté à Villedieu en 1791, de grandes et belles coquilles servant de bénitiers, et de jolis vitraux modernes.

Quand nous sortîmes de Saint-Léonard, il était trop tard pour que nous pussions entreprendre, ce jour-là, une longue promenade, en conséquence, nous nous mîmes à la recherche de maisons anciennes et curieuses qu'on nous avait recommandées comme dignes de fixer notre attention et qui, pour la plupart, se trouvent dans la rue Haute et près du vieux bassin.

Sur le quai du vieux bassin est encore une église des xv⁰ et xvi⁰ siècles, l'ancienne église Saint-Étienne, qui sert aujourd'hui d'entrepôt.

Un orage, qui survint vers la fin de la journée, nous força de regagner de bonne heure notre hôtel.

CHAPITRE X

HONFLEUR (*suite*)

Promenade à la côte de Grâce. — Le panorama. — Le calvaire.
La chapelle de Notre-Dame de Grâce.

Le lendemain, dès huit heures du matin, nous partions pour la chapelle de Notre-Dame de Grâce. Nous voulions faire la route à pied. Il faisait beau, et nous savions, par tout ce que nous en avions entendu dire, combien était belle la promenade que nous entreprenions.

Nous passions devant l'église Sainte-Catherine, nous en profitâmes pour la visiter.

Cette église, bâtie en bois dans le style flamboyant, a cela de remarquable qu'une rue la sépare de sa tour, tour également en bois, mais dont les soubassements sont en pierre. Elle se compose de deux nefs, dont la plus ancienne date du xve siècle. A l'intérieur, nous remarquâmes de vieilles statues, des panneaux Renaissance, des tableaux qui ont une certaine valeur, un *Portement de croix*, d'Erasme Quellin; un *Christ au jardin des Oliviers*, de Jordaens, enfin, un *Portrait de sainte Catherine*, attribué à Zurbaran ou à un de ses élèves.

En sortant de l'église, nous prîmes la rue de Grâce et arrivâmes bientôt à un chemin ombragé qui conduit directement à la chapelle. Ce chemin est ravissant ; à chaque instant, quelque éclaircie de bois nous permettait d'apercevoir la mer dont nous entendions de loin le bruit, se mêlant à celui des arbres agités par le vent.

Enfin, nous arrivâmes au plateau de Grâce.

Le plateau de Grâce, situé à quatre-vingt-dix mètres au-dessus de la mer, abrite le port d'Honfleur des tempêtes de l'Océan. Planté d'arbres magnifiques, il forme une immense terrasse, d'où l'on découvre un des plus beaux panoramas de France : à l'horizon, la Seine dominée par la vieille ville d'Harfleur ; à gauche, la mer, le Havre, sa rade, sa jetée, les phares de la Hève, la chapelle de Notre-Dame des Flots ; à droite, le joli village d'Orcher avec ses falaises et son château ; en bas de soi, l'Océan et la ville d'Honfleur, bâtie en amphithéâtre sur la falaise.

Un cri d'admiration s'échappa de toutes nos bouches, à la vue d'un tableau à la fois si grandiose et si gracieux. Nous restâmes quelques instants sans rien dire, tant nous étions émus et charmés.

Tout à coup mes regards, se détournant un instant de ce féerique tableau, rencontrèrent un grand calvaire élevé au milieu de l'immense terrasse et que je n'avais pas encore aperçu ; je me découvris respectueusement. Rien ne me cause une impression plus profonde que la vue de ces croix protectrices, placées sur le haut des falaises pour rappeler à ceux qui s'exposent sur les vagues incertaines de l'Océan que Dieu les protège et les garde, pour inspirer à ceux qui, restés à terre, les attendent trop souvent dans de cruelles angoisses, la confiance et la résignation. Je songeais à eux, en regardant la croix, et mes lèvres murmurèrent une prière émue, quand je vis

CALVAIRE SUR LA CÔTE DE GRACE

CHAPITRE X

Juliette s'approcher à son tour du calvaire. Elle fit un signe de croix et pria un instant.

— Il faut maintenant, dit-elle, aller voir la chapelle de Notre-Dame de Grâce ; la voici, je l'aperçois à travers les arbres.

Nous la suivîmes et entrâmes avec elle dans la chapelle.

La chapelle de Notre-Dame de Grâce n'est pas de ces temples magnifiques qui, dans tant d'endroits, ont remplacé les vieux sanctuaires élevés par l'humble piété de nos pères. Elle a été reconstruite, après la Révolution, telle qu'elle était autrefois, mais, parmi les sanctuaires les plus célèbres, aucun n'inspire mieux la piété que la modeste chapelle de Notre-Dame d'Honfleur ; nulle part Marie n'est l'objet d'un culte plus fervent que dans cette humble chapelle où se pressent surtout les marins, ses dévots serviteurs.

> Ces hommes durs et fiers, nourris dans la tempête,
> Ces pilotes noirs et velus
> Otent les lourds bonnets qui pèsent sur leur tête,
> Et viennent l'adorer pieds nus.

Il n'y a pas là d'exagération poétique. Bien souvent, en effet, les voyageurs qui, soit pédestrement, soit en voiture, se rendent à la chapelle de Notre-Dame de Grâce, ont pu rencontrer sur la route un de ces braves marins, gravissant à genoux le chemin caillouteux, qui déchirait sa chair meurtrie, sans souci de la fatigue et de la douleur, pour aller suspendre au mur du sanctuaire, soit un débris de vaisseau naufragé sur lequel il eût infailliblement péri sans le secours de Marie, soit un tableau grossier, payé à grand'peine sur ses économies et représentant le naufrage pendant lequel, près de périr, il a tendu vers elle ses bras suppliants, ou bien encore un bateau en miniature, reproduction fidèle de celui que la bonne Vierge a protégé, un jour, contre les fureurs de l'Océan.

Ils sont nombreux les *ex-voto* suspendus à la voûte et aux murs de la chapelle de Notre-Dame de Grâce. Que de drames terribles ils rappellent ! que de souvenirs ils réveillent ! comme ils parlent à la fois à l'imagination, à l'esprit et au cœur !

Quand nous y entrâmes, la chapelle était vide. En y pénétrant, je sentis comme un parfum de piété envahir tout mon être; je m'agenouillai et je priai comme je n'avais pas, je l'avoue, prié depuis longtemps. Lorsqu'après avoir répandu mon cœur au pied de Notre-Dame de Grâce, je relevai la tête, je vis mes compagnons de voyage debout et prêts à quitter la chapelle. Juliette seule était encore à genoux. Au bruit que je fis en me dérangeant, elle se retourna; sa mère lui fit un signe, elle nous rejoignit.

Tout près de la chapelle sont établis des marchands, aux étalages desquels se voient une quantité de médailles de tous modules et de tous prix, représentant la chapelle et l'image de la Vierge de Grâce, des chapelets de toute espèce, beaucoup de livres pieux, etc., etc., tous objets destinés à être emportés comme souvenirs de Notre-Dame d'Honfleur.

Ma tante se dirigea vers une de ces boutiques; Juliette la suivit. Elles choisirent différents souvenirs qu'elles destinaient à leurs amies.

Tout à coup, Juliette, se tournant de mon côté,

— Pensez-vous que cela plaise à ma cousine Hélène? me dit-elle.

Elle me montrait un joli reliquaire en argent, contenant une petite statuette de Notre-Dame d'Honfleur.

— Je n'en doute pas.

— Alors, je vais l'acheter; je le lui porterai quand j'irai la voir, cet automne.

— Elle en sera très heureuse, et vous êtes bien bonne, Juliette, de penser à elle.

CHAPITRE X

— Comment pouvez-vous dire cela, mon cousin? Votre sœur n'est-elle pas au nombre de mes meilleures amies, quoique je ne l'aie jamais vue? Tenez, vous m'en avez dit tant de bien que je la préfère, je crois, à toutes les autres.

Juliette était charmante en disant cela.

Les dames ayant terminé leurs achats, nous rejoignîmes mon oncle et Charles qui, en nous attendant, étaient allés s'asseoir sur un banc, en face de la mer.

C'était l'heure de la marée : de nombreux steamers, les uns se dirigeant vers le Havre, les autres traversant la Seine, traçaient un double sillon dans la mer dont ils fendaient le flot, dans l'air où s'élevaient leurs panaches de fumée; c'était superbe.

Près du banc sur lequel nous étions assis, se trouve l'observatoire. Une lunette d'une grande précision, mise, moyennant une faible rétribution, à la disposition des voyageurs, leur permet d'embrasser un panorama de quatre-vingt milles de rayon. Personne, je crois, ne vient à Grâce sans se payer le plaisir, peu coûteux d'ailleurs, de fixer un œil curieux sur le verre grossissant.

Comme Juliette regardait à son tour,

— Quelle est, dit-elle, cette chapelle que je vois en face de moi, sur l'autre rive de la Seine?

— C'est la chapelle de Notre-Dame des Neiges, répondit le brave homme, chargé de percevoir le prix exigé des voyageurs pour regarder dans la lorgnette.

— Notre-Dame des Neiges, ici! Si nous étions en Suisse, je comprendrais cette appellation.

— Monsieur ne connaît pas la légende?

— Non, dites-la-moi.

— C'était au temps où les Anglais bloquaient Honfleur; par une froide nuit d'hiver, un homme, monté sur un frêle canot, s'était hasardé à traverser les lignes ennemies, il voulait aller demander du secours sur la rive opposée; mais il fut découvert. On était sur le point de le mettre à mort, quand il implora la Vierge Marie. Aussitôt elle lui apparut. Elle était couverte d'un grand manteau d'hermine, elle en secoua les plis et en fit tomber aussitôt d'épais flocons de neige qui dérobèrent cet homme aux regards des Anglais. Il eut ainsi le temps de fuir.

— Cette légende est fort jolie, dit ma tante.

Nous remerciâmes le brave homme qui nous l'avait contée, puis, comme onze heures étaient sonnées et que nous étions sortis de bonne heure, nous songeâmes à déjeuner.

Tout en face de la chapelle de Notre-Dame est une porte de l'*Hôtel de la Renaissance*, hôtel modeste, mais bien tenu, auquel sa position ne peut manquer de procurer une nombreuse clientèle. Ses jardins s'étendent jusqu'au bord de la falaise, et sa vue est celle de la terrasse.

C'est à l'*Hôtel de la Renaissance* que nous devions déjeuner. Nous nous y rendîmes, et nous choisîmes une des tables les plus rapprochées de la mer pour y faire mettre notre couvert. Le déjeuner fut fort gai; nous le prolongeâmes à dessein, nous nous trouvions si bien où nous étions, que nous ne pouvions nous décider à nous éloigner.

Il fallut enfin nous y résoudre. Mais j'avoue que, pour ma part, ce ne fut pas sans un véritable serrement de cœur que je considérai une dernière fois le magnifique paysage qui allait bientôt disparaître à nos regards.

Il fait si bon sur ce ravissant coteau de Grâce.

« Là, dit avec raison M. Morlent, chaque chose a son aimant : la vague vient au rivage, le fleuve court à la mer, la fleur se tourne vers le soleil, le cœur va vers ce qu'il aime. Quel spectacle, lorsque

CHAPITRE X

les obliques rayons du jour, mourant à travers le feuillage, s'étendent sur cette végétation luxuriante en traînées lumineuses! Qui pourrait rester indifférent à de telles splendeurs : la nature n'est-elle pas l'âme de tous les âges? »

Après avoir bien discuté la question de savoir quel chemin nous prendrions pour regagner Honfleur, nous nous dirigeâmes vers la route qui se trouve derrière l'église; nous voulions voir, en passant, le pavillon du colonel de Perthuis, où Louis-Philippe reçut l'hospitalité en 1848, et où il passa la nuit avant de s'embarquer pour l'Angleterre.

CÔTES D'ANGLETERRE

CHAPITRE XI

HONFLEUR (*suite*)

Origine et histoire de la chapelle de Notre-Dame de Grâce.

Avant de quitter le plateau d'Honfleur, je crois devoir donner ici quelques renseignements sur l'origine de la chapelle de Notre-Dame de Grâce et sur l'histoire de ce célèbre sanctuaire de Marie.

L'origine de l'église de Notre-Dame de Grâce est fort ancienne ; aucun historien n'en donne la date précise, mais tous lui assignent pour fondateur Robert le Magnifique, père de Guillaume le Conquérant.

La légende rapporte que ce prince, surpris par la tempête, soit au départ, soit au retour d'une expédition en Angleterre, ayant été jeté sur l'île de Guernesey, fit vœu, s'il échappait au naufrage, de bâtir trois chapelles, dédiées à la sainte Vierge, sur le rivage de la mer ; et que, de retour en Normandie, il choisit la belle falaise qui domine Honfleur pour y élever un des sanctuaires promis, qu'il plaça sous l'invocation de Notre-Dame de Grâce.

Mais la chapelle qui existe aujourd'hui n'est pas celle de Robert le Magnifique. En 1538, le roc sur lequel s'élevait le petit édifice du duc de Normandie s'abîma dans la mer, à la suite d'une grande tempête; il ne resta qu'un autel et une statuette de la Vierge.

Ce fut en 1606 que furent jetées les fondations de la chapelle actuelle, par M. Gonnin, qui, manque de fonds, dut abandonner son œuvre.

Peu de temps après, elle fut reprise par un gentilhomme d'Honfleur, M. de Fontenay, qui, avec la permission de Mlle de Montpensier, propriétaire du terrain, éleva des murailles sur les fondations existantes et construisit un petit édifice carré, sans style, qui, couvert en chaume, semblait plutôt une grange qu'une chapelle. Le maître-autel était placé au milieu, où est maintenant l'entrée du chœur. On ajouta bientôt un petit autel de chaque côté. Quelques années plus tard, on construisit le clocher qui existe encore aujourd'hui, lequel, posé sur l'arcade formant l'entrée de l'édifice, sans être un chef-d'œuvre, tant s'en faut, ne fait cependant pas mauvais effet. En 1656, on y plaça une cloche qui fut enlevée pendant la Révolution.

La chapelle fut desservie d'abord par des prêtres qui venaient volontairement y dire la messe pour des intentions particulières. En 1620, les Pères Capucins, sur les instances de M. de Fontenay, se chargèrent d'en prendre soin, et Mme Marie de Bourbon, fille unique du duc de Montpensier, leur donna, par lettres patentes, non seulement le terrain sur lequel était bâtie la chapelle, mais tout le plateau qui s'étend de la chapelle à la mer. Le jour de leur installation, comme marque de possession, ils plantèrent une croix sur le bord de la falaise, à l'endroit où avait été l'autel de l'ancienne chapelle. Ils commencèrent immédiatement à planter et à cultiver le terrain qui leur avait été concédé. Les arbres, qui entourent encore aujourd'hui la chapelle, furent plantés en 1630.

CHAPITRE XI

Bientôt le bruit des miracles qui s'opéraient à la chapelle de Notre-Dame de Grâce se répandit au loin. De tous les pays accoururent des pèlerins; princes et gentilshommes, riches et pauvres voulurent, dès

NOTRE-DAME DE GRACE

lors, contribuer aux frais du sanctuaire, qui fut bientôt fort riche en ornements et en objets d'orfèvrerie. En 1651, un don de 1,500 livres permit de construire une chapelle, sur le côté sud de la chapelle existante ; celle qui occupe le côté nord fut construite l'année suivante. Dès lors, l'édifice complet eut la forme d'une croix.

En 1672, la croix de bois que les Pères avaient plantée sur le bord de la falaise fut, à différentes fois, jetée du haut en bas du rocher, et enfin brisée, ainsi qu'une statue de la Vierge qui y était attachée. On ne découvrit pas les coupables.

Une autre croix, en pierre, la remplaça, mais elle fut élevée un peu plus près de la chapelle.

Jusqu'à la Révolution, la chapelle de Notre-Dame de Grâce vit encore bien des améliorations. On construisit le jubé qui est sur la porte d'entrée, et l'on pava la chapelle en pierres de Boulogne.

En 1793, la chapelle de Notre-Dame d'Honfleur, qui était alors fort riche, fut pillée et profanée.

Elle fut rendue au culte en 1802. Les pèlerins recommencèrent dès lors à la visiter, et, si elle n'est pas aujourd'hui aussi riche qu'autrefois, elle est du moins aussi fréquentée ; les voyageurs y affluent plus nombreux que jamais, et les marins de nos jours ne sont pas moins confiants que leurs pères en la Vierge de Grâce.

CHAPITRE XII

HONFLEUR (*suite*)

La plage. — Le Casino. — La ferme de Saint-Siméon.
Départ d'Honfleur.

Le lendemain de notre promenade à la chapelle de Notre-Dame de Grâce, comme nous ne devions quitter Honfleur que dans l'après-midi, nous passâmes la matinée dans les bois qui s'étendent sur toute la côte, du bord de la mer à la terrasse, et qui lui donnent ce riant aspect qui nous avait tant charmés, quand nous l'avions aperçue en arrivant du Havre en bateau à vapeur. Rien de plus joli que cette falaise, plantée de beaux arbres et tapissée partout de verdure et de fleurs. Ses sinueuses allées réservent aux promeneurs de continuelles surprises. Parfois d'épais massifs lui obstruent complètement la vue du côté de la mer, mais, tout à coup, celle-ci lui apparaît de nouveau, formant un fond merveilleux à l'admirable paysage qui l'environne.

Nous ne pûmes résister au désir de revoir une fois encore la chapelle et le plateau de Grâce.

A notre retour, nous fîmes une station sur la petite plage, près de laquelle sont établis les bains de mer et ce que l'on appelle, à Honfleur, le Casino, et qui n'est, en réalité, qu'un café-restaurant des plus modestes.

Après nous être reposés quelques instants, nous suivîmes, au bas de la falaise, un chemin pittoresque près duquel se trouvent de curieux escarpements appelés fontes.

Bientôt nous aperçûmes, à notre gauche, une ferme.

— Ne serait-ce pas, nous dit Charles, la ferme de Saint-Siméon dont Louis nous a si souvent parlé?

— Peut-être.... Si je m'en informais? repris-je.

Un paysan passait sur la route.

— Pourriez-vous me dire quelle est cette ferme? lui demandai-je.

— Mais c'est la ferme de Saint-Siméon, me répondit-il.

Il semblait fort surpris de ma question.

Je proposai d'entrer. Le désir de boire du lait nous en fournit le prétexte.

Pour quelques sous que nous coûta cette modeste consommation, nous eûmes le plaisir d'admirer une quantité de fort jolis croquis et de charmants paysages, signés de noms célèbres, dont les hôtes de la ferme ont fait hommage aux propriétaires de l'établissement. Je voulus ajouter ma simple offrande à ces dons magnifiques. L'honneur de me trouver en si bonne compagnie me poussa, sans doute, à la générosité. Je tirai mon album et, me plaçant dans la cour, je croquai un pan de mur dont l'effet me paraissait heureux. Quand j'eus fini, je déchirai le feuillet; il passa entre toutes les mains. Chacun le trouva charmant, cela va sans dire. En partant, je le laissai sur la table, j'espère bien le retrouver un jour. Puisse alors sa signature avoir la valeur qui lui manque aujourd'hui!

Il était plus de onze heures quand nous quittâmes la ferme; nous

CHAPITRE XII

rentrâmes directement à l'hôtel où nous voulions encore déjeuner.

Nous avions retenu pour deux heures une voiture qui devait nous conduire à Villerville, où nous avions l'intention de coucher et de passer la journée du lendemain. En sortant de table, nous remontâmes dans nos chambres afin de fermer nos malles. Puis nous attendîmes l'heure du départ en nous promenant sur le quai, alors très animé, car un bateau du Havre se préparait à partir. Les passagers, pressés d'embarquer, se disputaient à qui passerait le premier, tandis que les hommes d'équipage, non moins affairés, entassaient dans la cale les marchandises qu'Honfleur livre chaque jour, et plusieurs fois par jour, à la consommation havraise : de la volaille, des légumes, des fruits et surtout des montagnes de melons à écorce brodée, connus sous le nom de melons d'Honfleur. C'est un spectacle vraiment fort amusant pour les personnes qui n'y sont pas habituées que celui auquel nous assistions.

Cependant, comme deux heures sonnaient à l'hôpital, nous aperçûmes notre voiture qui détournait la rue et s'arrêtait devant l'hôtel.

Mon oncle, qui, voyant l'heure du départ approcher, était allé régler nos comptes avec l'hôtelier, nous fit signe de nous hâter; nous obéîmes, mais ce ne fut pas sans regret que nous montâmes en voiture avant le départ du steamer.

CHAPITRE XIII

D'HONFLEUR A VILLERVILLE

Vasouy. — Criquebœuf. — Arrivée à Villerville. — Situation du pays. — Les brise-lames. — Le Rattier. — Les bains. — L'église. — Le chalet Guttenger et la fontaine Virginie. — Pêcheurs et pêcheuses de Villerville.

Nous suivîmes d'abord le chemin que nous avions parcouru à pied le matin; longeant la mer, nous passâmes devant la ferme Saint-Siméon et le Casino, et pûmes admirer encore une fois le splendide et ravissant spectacle de l'embouchure de la Seine.

Bientôt nous arrivâmes à Vasouy. Ce village possède une église dont le portail du xvie siècle et les beaux panneaux des portes fixèrent notre attention. Il paraît que sa nef, bien plus ancienne, doit dater du xiie siècle; mais nous ne pûmes voir l'intérieur de l'église, elle était fermée, et le sacristain qui en garde la clef était absent pour la fin de la journée.

Nous fûmes plus heureux à Pennedepie, le premier village que nous traversâmes ensuite et qui n'est qu'à deux kilomètres de Vasouy.

L'église de ce village date de la même époque (xii⁰ siècle), le retable du maître-autel est du style Louis XIV.

Enfin nous aperçûmes l'église de Criquebœuf, située à un demi kilomètre seulement de la mer, près d'un étang. Cette église du xii⁰ siècle, aujourd'hui en partie ruinée par le temps, et presque entièrement couverte de lierre, a été bâtie en une pierre poreuse appelée *travertin*. On a voulu la réparer, on n'a fait que la gâter.

Un peu plus loin, tout près de la mer, nous passâmes devant des marais, où les savants, nous dit notre cocher, vont chercher des plantes intéressantes.

Enfin nous arrivâmes en face du vieux manoir de Criquebœuf. Nous descendîmes de voiture dans le but de visiter la collection de tableaux, de meubles anciens et de curiosités qu'il renferme. Malheureusement le château était habité, nous ne pûmes y entrer. Mais nous avions déjà fait huit kilomètres depuis notre départ d'Honfleur, et notre cocher nous déclara que son cheval, qui avait beaucoup travaillé les jours précédents, avait besoin de repos. Nous nous assîmes dans un charmant endroit bien ombré, et d'où cependant l'on jouissait d'une fort belle vue, et, tirant du coffre de la voiture les provisions que ma tante, toujours prévoyante, y avait fait mettre en partant, nous attaquâmes avec plaisir une magnifique brioche, qu'une bouteille de Malaga arrosa fort agréablement.

Quand nous remontâmes en voiture, le cheval, reposé, repartit plus ardent, et nous conduisit en peu de temps à Villerville.

Ce village, situé sur une falaise à pic, a été bâti sur une partie saillante de la côte appelée pointe de Villerville. Le banc de terre glaise sur lequel il a été construit offrant peu de résistance aux envahissements de l'Océan, les habitants ont eu l'heureuse idée de se protéger au moyen de brise-lames d'une forme particulière.

Ces brise-lames se composent de grands pieux perpendiculaires,

ÉGLISE DE CRIQUEBŒUF

CHAPITRE XIII

recouverts de fortes planches et séparés entre eux par une distance de quinze mètres, formant des cavités où viennent s'engloutir les cailloux et les galets.

Villerville n'est qu'une simple station de pêche; mais, depuis quelques années, les baigneurs y affluent pendant la belle saison, et de nombreux chalets s'y sont élevés. Villerville doit cette bonne fortune à quelques hommes de lettres et à quelques artistes qui, séduits par sa situation pittoresque, s'y sont établis et se sont plu à le faire connaître.

Dans un de ses ouvrages, Charles Deslys déclare qu'il a été plus heureux que Christophe Colomb, le jour où il a découvert Villerville.

« Le pays, dit-il, c'est un simple nid de pêcheurs sur une pittoresque falaise, faisant bastion entre des prairies moutonneuses et des cours plantées de pommiers; toute cette verdure, coupée çà et là de trois vallons, s'étage par replis harmonieux jusqu'aux collines boisées qui la couronnent. »

Il était cinq heures quand nous arrivâmes à Villerville. Nous nous installâmes à l'hôtel; puis, en attendant le dîner, nous nous rendîmes à la plage. Un chemin assez raide y conduit. Elle se compose d'un champ de galets et d'une immense étendue de sable fin. La mer était basse; on apercevait au loin sur le sable un grand nombre de pêcheurs et surtout de pêcheuses, occupés à arracher la moule des rochers. Des Parisiens en costume de bain, des baigneuses en jupons courts comme les Villervillaises, se livraient à la pêche de ce coquillage, très abondant à Villerville, où il est, dit-on, excellent.

Nous regardions ce curieux spectacle quand un vieux marin, qui fumait sa pipe sur le port, nous dit en ôtant son bonnet :

— Ces messieurs et ces dames ne sont pas du pays, cela se voit bien.... Notre plage est animée, n'est-ce pas, Monsieur? ajouta-t-il, s'adressant particulièrement à moi.

— Oui, répondis-je; mais il me semble que ces pêcheurs s'aventurent bien loin. Pourquoi donc se dirigent-ils tous vers le même point?

— Ils vont au Rattier.

— Qu'est-ce que le Rattier?

— C'est le banc sur lequel se pêchent les meilleures moules du pays.

— A quelle distance est-il donc de la côte?

— A trois kilomètres.

— Heureusement que les pêcheurs sont trop nombreux pour se laisser surprendre par la marée.

— C'est arrivé pourtant, il y a peut-être quinze ans de cela. Ils étaient beaucoup, ce jour-là; mais, tout occupés de leur travail, ils se laissèrent surprendre par la mer montante. On essaya vainement d'aller à leur secours, tous périrent.

— Mais c'est affreux, dit Juliette.

— Ils avaient été bien imprudents aussi, les malheureux!

Il était l'heure de dîner, nous prîmes congé du brave marin et rentrâmes à l'hôtel.

Le soir, nous revînmes sur la plage, où nous passâmes une heure ou deux très agréablement. A dix heures, nous étions couchés.

Le lendemain, d'assez bonne heure, nous nous rendîmes à l'établissement des bains; le temps était magnifique, et nous voulions en profiter. Nous fûmes étonnés du nombre de baigneurs qui s'y trouvaient déjà. Ce petit établissement est muni d'une vaste tente. Les cabines sont installées sur une estacade d'où l'on descend directement à la mer, ce qui est vraiment très commode.

En sortant du bain, nous allâmes visiter l'église. Elle date de la fin du XIIe siècle, mais elle fut si souvent remaniée qu'elle n'a plus aucun style. On y remarque deux peintures sur bois : une *Assomption* et un joli triptyque.

LES GRAVES PRÈS VILLERVILLE

CHAPITRE XIII

Nous avions vu à peu près ce qu'il y avait à voir à Villerville, du moins nous le croyions. Cependant, comme, pour nous rendre à Trouville, nous voulions prendre la voiture publique qui ne devait passer qu'à cinq heures, il nous fallait employer notre journée. Ayant demandé à notre hôtesse ce que nous pourrions faire de notre temps, elle nous conseilla d'aller au chalet Guttenger, but de promenade souvent choisi par les étrangers, nous dit-elle, et surtout par les artistes.

PÊCHE AUX MOULES

Nous suivîmes son avis et n'eûmes pas à nous en repentir. La vue que l'on découvre près du chalet est vraiment admirable; et rien n'est plus ravissant et plus poétique que la fontaine Virginie, à laquelle nous descendîmes par un petit chemin qui commence tout auprès du chalet Guttenger et que cette femme nous avait également recommandée.

Nous revînmes enchantés de notre promenade.

Nous passâmes sur la plage les deux heures que nous avions encore à rester à Villerville avant le passage de la voiture, et elles ne furent pas mal employées, je puis l'assurer.

Les pêcheurs étaient rentrés pendant que nous étions en promenade, et la plupart des embarcations qui composent leur petite flottille étaient groupées sur le galet. Nous pûmes donc examiner et étudier à l'aise pêcheurs et bateaux.

Le pêcheur villervillais est le vrai type de l'ancien pêcheur normand, il a conservé intact son costume. Une épaisse chemise de feutre, de larges braies de toile primitivement blanche, de grossiers bas de laine lui montant jusqu'aux genoux; aux pieds, d'énormes sabots sans bride, et, sur la tête, un bonnet de coton posé en carmagnole : tel était le costume du pêcheur villervillais il y a des siècles, tel est le costume du brave *piqueux* d'aujourd'hui, qui, dans cet accoutrement, ne craint ni le vent ni la pluie, et brave gaiement les éléments, ne demandant qu'une chose : rapporter une *bonne marée*.

Quand le gros temps le force à rester à terre, alors seulement il est triste et ennuyé; mais cela lui arrive rarement, car il est le plus intrépide pêcheur de la côte.

Si les Villervillais sont de rudes travailleurs, leurs femmes sont dignes d'eux. Les moulières — on appelle ainsi celles qui vont pêcher la moule, soit au Rattier, soit sur les autres bancs de sable de la Seine — ont du mal, elles aussi, et courent parfois des dangers, mais elles ont généralement de nombreuses familles, il faut qu'elles contribuent pour leur part aux dépenses du ménage.

D'ailleurs, les Villervillais, hommes et femmes, semblent appartenir à une race privilégiée, bien plus robuste et plus forte que celles des villes.

Les embarcations des pêcheurs villervillais sont des bateaux à fond plat — de là vient leur nom de *plattes*, — dont l'avant, massif et

CHAPITRE XIII

83

boursouflé, justifie le nom de *joues* donné à cette partie du bateau; elles sont généralement très vieilles, et l'on ne croirait jamais qu'elles peuvent supporter les furieux coups de vent auxquels elles sont exposées.

A cinq heures, nous partîmes pour Trouville. De Villerville à Trouville, la route est très belle, aussi nous parut-elle fort courte.

A six heures et demie, nous arrivions à Trouville; à sept heures, nous étions assis à la table d'hôte de l'*Hôtel de Bellevue*.

LE VŒU

CHAPITRE XIV

TROUVILLE

Position de Trouville. — Son importance actuelle. — Ses châteaux et ses villas. — Sa plage. — Modifications apportées à nos projets. — Le port et les jetées.

Trouville est située sur la Manche, à l'embouchure de la Toucques, au pied d'une colline, maintenant couverte de villas et de maisons de campagne. Des maisons de campagne, des villas, voici à peu près ce qui aujourd'hui constitue le village ou plutôt la ville de Trouville, car Trouville, autrefois simple village composé de chétives cabanes habitées par des pêcheurs, est aujourd'hui une ville de 6,000 âmes, élégante et coquette.

Il a fallu beaucoup bâtir à Trouville pour arriver à loger les quatorze ou quinze mille baigneurs qui viennent chaque année y chercher, sinon le repos — ce n'est pas là qu'on le peut trouver, — mais un air pur et vivifiant, capable de neutraliser quelque peu les effets déplorables produits, sur les organisations délicates, par les fatigues de l'hiver, et cela sans préjudice des distractions dont ne sauraient se passer en aucune saison les *sportmen* à la mode et un certain nombre d'élégantes mondaines.

A Trouville, ville neuve, on ne trouve pas de monuments, mais des constructions originales, quelquefois même excentriques ; toutes les fantaisies architecturales s'étalent audacieusement sur la plage, cette belle plage de sable fin qui a fait la réputation de Trouville et lui conservera longtemps une vogue qu'elle suffirait seule à justifier.

En arrivant à Trouville, nous avions aperçu de loin la Chaumière normande, charmante maison couverte de sculptures et entourée d'un beau parc, ainsi que la villa Bagatelle et plusieurs autres coquettes habitations ; nous avions passé devant l'*Hôtel des Roches-Noires*, le plus luxueux des hôtels de Trouville, dont la façade est ornée de colonnes corinthiennes, supportant un entablement que surmontent un fronton circulaire et la statue de Neptune.

Le lendemain, un de mes amis, notre commensal d'hôtel, que j'avais trouvé à table d'hôte, s'offrit à nous faire voir les principaux chalets et villas que tout le monde connaît à Trouville. Il nous conduisit d'abord au chalet Cordier, à mi-côte sur les hauteurs d'Hennequeville, dans une délicieuse situation. Les maîtres étant absents, le jardinier nous le fit visiter dans tous ses détails ; il renferme de beaux tableaux et de curieux objets d'art.

M. Larive nous fit voir ensuite la villa Jallois, située sur le point le plus élevé de la côte, d'où elle domine Trouville et Deauville ; le château genre Louis XIII de la marquise de Montebello ; le pavillon Renaissance de M. de Gisors ; la maison mauresque de M. de Formeville ; la maison gothique du peintre Charles Mozin ; enfin presque toutes les maisons plus ou moins connues de Trouville. Après quoi il nous conduisit dans la rue des Rosiers, devant la maison du syndic Barbey, où Louis-Philippe se réfugia en 1848, et où il passa trente heures, attendant vainement une occasion de s'embarquer pour l'Angleterre.

CHAPITRE XIV

Comme, après le déjeuner, mon oncle remerciait de nouveau M. Larive de la complaisance avec laquelle il nous avait pilotés le matin dans Trouville,

— J'ai voulu, nous dit-il, vous donner d'abord une idée du pays; maintenant, si vous le permettez, je vous en ferai les honneurs. Combien de temps pensez-vous rester ici?

— Huit jours au plus, répondit mon oncle.

— C'est entendu; vous passez huit jours à Trouville.

— Expliquons-nous, repris-je. Mon oncle passe huit jours ici avec ma tante et ma cousine, mais mon ami et moi, nous partons sans remise jeudi. Nous sommes aujourd'hui samedi.

— Quatre jours pour voir Trouville, ce n'est pas assez.

— La ville n'est pas grande.

— Mais elle est entourée de ravissantes promenades. Puis un artiste ne voyage pas seulement pour voir des pays, mais pour les étudier.

— Le temps dont nous pouvons disposer et l'itinéraire que nous nous sommes tracé, ne nous permettent pas de rester ici plus longtemps.

— On tâche d'allonger le temps, ou l'on retranche au programme.

— Je ne suis pas libre de prolonger mes vacances, et je tiens absolument à aller jusqu'à Cherbourg, où j'ai le projet de faire des études qui me sont nécessaires.

— Vous devez suivre la côte, m'avez-vous dit?

— Oui.

— Il est sur votre route des pays peu curieux, vous n'y séjournerez pas, et rattraperez un temps qui n'aura pas été perdu.

— Tentateur! fis-je en riant.

— Laissez-vous faire, mon cousin, dit Juliette.

— Ah! si vous vous en mêlez, ma cousine....

— Tu ne pourras résister, n'est-ce pas? ajouta son père.

— Alors, c'est entendu, dit à son tour ma tante; vous restez.

— Mais je ne sais si Charles est disposé à modifier ses projets.

— C'est vrai, reprit ma cousine, rougissant un peu; on a oublié de le lui demander.

— Je ne m'ennuie pas ici, répondit philosophiquement Charles; je ne suis pas pressé de partir.

— M. Charles a un charmant caractère, dit mon oncle, il est toujours disposé à faire ce que l'on veut.

— Où allons-nous aujourd'hui? demanda M. Larive.

— Nous ne connaissons encore ni les jetées ni les ports, dit ma tante.

— Allons voir les jetées et le port, reprit mon oncle.

— C'est cela.

Une demi-heure après, nous partions tous ensemble de l'hôtel, et nous nous dirigions vers le grand quai de Trouville, le quai Tostain, quai fort animé, car c'est de là que partent les bateaux du Havre et les barques de pêche.

Ce quai fait face aux jetées, deux jetées en bois, dont l'une, celle de l'est, a seulement deux cent vingt mètres de long, et l'autre, cinq cent soixante-dix.

Le port de Trouville se compose d'un avant-port, d'un chenal de cinquante mètres de longueur, et d'un bassin à flot, de trois cents mètres de long sur quatre-vingts de large. La longueur de l'écluse est de seize mètres cinquante centimètres. Ce port est formé par le lit même de la Toucques, que gonflent à chaque marée les eaux de la mer. Les bassins ont été creusés dans les terrains de Deauville.

— Les navires de fort tonnage peuvent aujourd'hui entrer dans le port de Trouville, nous dit M. Larive; mais pour arriver à ce résultat, il a fallu faire des travaux considérables.

— Et dépenser beaucoup d'argent, observa mon oncle.

CHAPITRE XIV

— Deux millions cinq cent mille francs. Mais ce port a de l'avenir; les arrivages de charbons de terre y sont très considérables.

— Il y a ici un mouvement commercial beaucoup plus considérable que je ne l'aurais cru.

— Nous avons à Trouville quatre-vingt-dix barques, ayant au

TROUVILLE. — VUE PRISE DE LA JETÉE NORD

moins six cent cinquante hommes d'équipage. Si vous vous levez de bonne heure demain, vous n'aurez qu'à venir sur le quai, vous les verrez arriver et débarquer : c'est une des distractions favorites des baigneurs. Il faudrait aussi assister, un de ces soirs, à leur départ.

— Nous n'y manquerons pas.

CHAPITRE XV

TROUVILLE (suite)

Promenade à Deauville. — Villas. — Courses de Deauville. — Casino. Retour à Trouville. — Soirée sur la terrasse du Casino.

— Si vous voulez, dit M. Larive, nous irons maintenant jusqu'à Deauville.

— Ne ferions-nous pas mieux, répondit mon oncle, de rester aujourd'hui à Trouville, où nous devons avoir encore bien des choses à voir?

— Mais Deauville, Monsieur, n'est, à dire vrai, qu'un quartier de Trouville, le quartier neuf.

— La terrasse que nous apercevons en face de nous est celle de Deauville, n'est-ce pas? demanda ma cousine. Je vois, de l'autre côté de la Toucques, de bien jolies villas.

— Nous pouvons les aller voir de près. Voici un bateau qui, moyennant dix centimes par personne, nous fera traverser la rivière.

— Allons-y, dit mon oncle, je ne m'y oppose pas.

M. Larive fit signe au passeur. Quelques minutes plus tard, nous étions à Deauville.

Deauville, la plus luxueuse de nos plages balnéaires, ne date que du second empire. La vogue de Trouville était alors si grande, que cette station favorite de la mode ne suffisait plus à contenir les nombreux baigneurs qui s'y donnaient rendez-vous.

D'immenses dunes de sable, formées par le flux et le reflux de la mer, s'étendaient alors de l'autre côté de la Toucques. M. de Morny eut l'idée de créer une nouvelle plage, en face de celle de Trouville. Deauville fut fondée et devint immédiatement une station de premier ordre.

La terrasse de Deauville s'étend, sur une longueur de dix-huit cents mètres, entre un quai de granit et une ligne de magnifiques maisons, construites, comme celles de Trouville, dans toutes espèces de style.

L'établissement hydrothérapique attire tout d'abord l'attention par son apparence mauresque.

— Quel est donc ce palais? demandai-je à M. Larive.

— Celui du prince Demidoff, me répondit-il; il appartient aujourd'hui à M. de Soubeyran. A côté, vous voyez la villa Élisabeth, la plus ancienne des villas de Deauville; puis la Victoria lodge.

— Elle est d'un style assez singulier.

— C'est le gothique anglais.

M. Larive nous fit passer en revue toutes les maisons de la terrasse, nous désignant chacune par le nom de son propriétaire. Nous citerons seulement la villa Morny, dont la façade est flanquée de deux tourelles; celle du comte Sapia, remarquable par son style flamand; et enfin, la maison Jollivet, dont la façade est couverte d'ornements en terre cuite émaillée, et sur la frise de laquelle est reproduit le dessin de Barrias, qui valut à l'artiste le grand prix de Rome.

CHAPITRE XV

Au milieu de la terrasse, s'élève le Casino, devant lequel est un jardin anglais entouré d'une terrasse-véranda.

En face du Casino s'ouvre une large rue, avec galerie couverte, dont les rez-de-chaussée sont occupés par de beaux magasins. En suivant cette rue, nous arrivâmes à une allée d'arbres qui nous conduisit directement au magnifique hippodrome, sur lequel ont lieu chaque année les courses si suivies par les *sportmen* français et étrangers.

VILLA MORNY

— Si vous étiez venus il y a quinze jours, nous dit M. Larive, vous n'eussiez trouvé à vous loger ni à Trouville, ni ici. Les personnes qui viennent à Trouville pour les courses doivent retenir leurs logements longtemps à l'avance, si elles ne veulent être exposées à coucher à la belle étoile.

— Ce qui est fort désagréable et de plus défendu, dit mon oncle en riant; je vous assure bien que jamais je ne m'exposerai à pareil inconvénient, pour le plaisir de voir courir des chevaux.

— Vous n'êtes qu'un profane, mon cher oncle.

— Cette grande affluence de monde à l'époque des courses, fit observer ma tante, peut contribuer à la fortune des Trouvillais ; mais il me semble que l'envahissement du pays et de la plage par un monde assurément fort mélangé, ne doit pas être un mince inconvénient pour les baigneurs tranquilles, qui ne viennent à Trouville que pour sa belle plage et ses charmantes promenades.

— Ceux-là, en effet, redoutent l'époque des courses, et même certains d'entre eux ont soin de s'absenter au moment où elles ont lieu. Mais les baigneurs dont vous parlez sont ici en minorité. Trouville, la plage essentiellement mondaine, n'est pas celle qu'ils choisissent; n'en ont-ils pas assez d'autres, modestes et charmantes, dont le séjour leur convient davantage.

— Assurément.

— Voulez-vous entrer au Casino?

— Nous ne demandons pas mieux, dirent les dames.

Le Casino de Deauville est très beau. La salle de spectacle est particulièrement remarquable par la richesse de sa décoration. Celle de la salle de bal est d'un bel effet, quoique trop surchargée de dorure.

En sortant du Casino, nous voulûmes aller visiter l'église. De loin, elle nous avait paru jolie; en approchant, nous fûmes très désillusionnés. Cette église, construite en briques, n'est à l'extérieur qu'une déplorable imitation de style roman, sans aucun intérêt. Elle n'a rien de remarquable à l'intérieur, si ce n'est de belles fresques, exécutées, il y a vingt ans, par Bordieu.

Nous n'avions plus rien à voir à Deauville, n'ayant pas le temps de visiter, ce jour-là, le quartier des pêcheurs. Je proposai de nous asseoir quelques instants sur la plage, où était alors réunie une société aussi nombreuse que brillante. Il était cinq heures; c'est l'heure où tout le monde se promène, où les hommes quittent le billard pour rejoindre les dames, où les élégantes étalent à l'envi leurs

AVENUE DE L'HIPPODROME DE DEAUVILLE

CHAPITRE XV

toilettes; il y en avait de toutes sortes, toilettes riches et de bon goût, et toilettes tapageuses; il y avait aussi des costumes fort simples, et les femmes qui les portaient n'étaient souvent ni les moins gracieuses, ni les moins jolies d'entre ces charmantes baigneuses. A Trouville, comme ailleurs, il est des femmes raisonnables qui ont d'autres occupations et d'autres plaisirs que d'étaler sur la plage un luxe impertinent, et d'exciter ainsi l'envie des autres femmes. Celles-là travaillaient en causant ou se promenaient tranquillement, quelques-unes au bras de leur mari, beaucoup seules; celles-là, pour la plupart, surveillaient leurs enfants qui jouaient sur la grève avec leurs petits camarades. On en voyait aussi plus d'une, tenant par la main un joli bébé blanc et rose, aux longs cheveux blonds soigneusement bouclés, leur parure à elles et leur orgueil aussi.

La vue de tout ce monde nous amusait. Tant de luxe étonnait Juliette et scandalisait sa mère; mon oncle se moquait des gommeux et critiquait la toilette des femmes. Charles et M. Larive écoutaient les plaisanteries de mon oncle et renchérissaient sur ses remarques acerbes. Pour moi, je faisais des études de mœurs. Et le temps passa bien vite. Une horloge sonnant six heures et demie nous avertit que nous n'avions que juste le temps de rentrer à Trouville pour dîner.

On était à marée basse, le bateau qui nous avait transportés ne pouvait plus faire son service. Cette fois, nous passâmes la Toucques sur un petit pont volant.

Nous arrivâmes à l'hôtel juste au moment de nous mettre à table.

Après le dîner, nous allâmes au Casino. Il n'y avait pas de fête ce jour-là, nous nous assîmes sur la terrasse qui regarde la mer. M. Larive, qui vient à Trouville depuis longtemps, rencontra beaucoup de personnes qu'il connaissait; parmi elles se trouvaient des hommes connus dans le monde politique, dans l'administration, la littérature et les arts, des femmes célèbres par leur beauté, leur esprit, ou seulement par la position officielle de leur mari, position actuelle ou position passée.

M. Larive nous montra tous ces hommes, toutes ces femmes, que nous ne connaissions que de nom et dont plusieurs ne répondirent en aucune façon à l'idée que nous nous en étions faite. Ma tante et ma cousine, curieuses comme le sont les femmes — pour ne pas parler des hommes, — s'intéressèrent beaucoup aux renseignements que nous donna M. Larive, et la soirée nous parut à tous très courte. Il était pourtant près de onze heures quand nous quittâmes le Casino.

CHAPITRE XVI

TROUVILLE (*suite*)

Bains de mer. — Les ânes de Trouville.

Le lendemain, aussitôt levés, nous nous rendîmes sur la plage : c'était l'heure du bain.

A Trouville, on prend généralement les bains à la marée montante. De petites voitures conduisent jusqu'à la vague les personnes qui le désirent; quant à celles qui ne peuvent ou ne veulent se procurer ce luxe, il y a des cabines sur la plage.

Ma cousine, désirant prendre un bain de mer, m'engagea à imiter son exemple; j'avoue que je ne fus pas difficile à décider. Le temps était beau, l'eau très chaude, et la plage est si belle !

Après le bain, nous rentrâmes déjeuner, puis nous nous demandâmes ce que nous allions faire.

Une promenade au château de Bonneville fut proposée et acceptée à l'unanimité.

— Irons-nous en voiture ou en chemin de fer? demanda ma tante.

— Je suis d'avis de n'y aller ni en chemin de fer ni en voiture, répondit M. Larive.

— Et comment donc alors? Pour mon compte, je ne me sens pas capable de faire la course à pied.

— Prenons des ânes.

— Oh! oui, dit Juliette, c'est cela; mais où en trouver, des ânes?

— Je connais un loueur qui pourra vous en procurer de très doux. Mais ses ânes sont fort recherchés par les baigneurs. Il faut vous dire qu'à Trouville, les ânes, ces animaux ailleurs si dédaignés, sont les favoris de la mode; mais il est de bonne heure, et je pense que nous en trouverons encore de disponibles; seulement, il ne faudrait pas perdre de temps.

— Nous allons nous habiller, dit ma tante.

— Pendant ce temps, nous irons chez Lavigne, et nous vous ramènerons vos nobles montures.... Venez-vous, Monsieur de Lussac?

— Si M. Dupré veut nous accompagner.

— Volontiers, dit Charles.

Nous partîmes tous trois.

Il nous fallait six ânes; il n'y en avait que trois de libres chez Lavigne.

— Nous les prenons, dit M. Larive au loueur, gardez-les-nous.

— Si vous voulez, je les ferai conduire à votre hôtel.

— C'est bien, envoyez-les, nous allons tâcher d'en trouver trois autres.

— Tout à l'heure, il y en avait encore plusieurs chez Courtin.

— Merci, nous y courons.

Nous allâmes chez Courtin. Son dernier âne venait de partir.

— Je crois qu'il en est rentré chez le père Guérin, nous dit-il, ces Messieurs pourraient y voir.

CHAPITRE XVI

Nous suivîmes son avis.

— Avez-vous des ânes à nous louer? demanda M. Larive au troisième loueur, en l'apercevant sur le pas de sa porte.

— Non et oui.

— Comment, non et oui ?

— Non, car les quatre qui viennent de rentrer sont loués pour la fin de la journée; oui, parce que la personne qui les a loués devait être ici à une heure et qu'il est une heure un quart.

— Normand !... Et quel avantage avez-vous donc à nous donner la préférence ?

— Celui de vous faire plaisir. Puis, qui sait? si ce monsieur n'allait pas revenir ! vous, je vous tiens. Vous prenez les ânes tout de suite, n'est-ce pas ?

— Nous les emmenons, et bien vite; nous règlerons au retour.

— Oui, Monsieur, je vous connais bien. Mais vous savez... six francs par âne, c'est dix-huit francs que vous me devez.

— Six francs! Les ânes ne se paient que cinq francs.

— Quand il y en a de libres; mais ceux-là étaient loués.

— Et votre client vous dira des sottises pour ne pas les lui avoir gardés. Trois francs de dommages et intérêts! cela vaut ça. Mais faites-les-nous amener bien vite. Ce monsieur pourrait venir, et je ne veux pas que sa colère retombe sur moi; vous ne me paieriez pas de dommages et intérêts, vous, père Guérin.

Quelques instants après, le garçon d'écurie nous amenait nos ânes; nous montâmes dessus et nous nous enfuîmes au galop (le galop d'âne). A quelques portées de fusil, dans le sens opposé, venait un monsieur, qui semblait très pressé; nous devinâmes en lui notre malheureux concurrent; mais, peu désireux de nous assurer si nous ne nous trompions pas, nous frappâmes de plus belle sur nos montures. Quand il arriva chez le père Guérin, nous étions loin.

Nous arrivâmes triomphants devant l'hôtel; nos compagnons de route nous attendaient à la porte. Juliette avait déjà choisi sa monture, un joli petit ânon, au poil noir et soyeux, à l'allure un peu vive, une charmante petite bête, répondant au nom, quelque peu ambitieux, d'*Éclair*. Nous conseillâmes à ma tante de se fier à un des ânes que nous amenions, celui sur lequel j'étais monté et qui paraissait un honnête animal. Mon oncle enfourcha une des bêtes de Lavigne, à laquelle il avait, en nous attendant, prodigué force caresses et gâteaux, sans doute pour le bien disposer en sa faveur.

Nous ne fûmes pas longtemps à organiser notre cavalcade. M. Larive en prit la tête, afin de nous indiquer le chemin.

CHAPITRE XVII

TROUVILLE (*suite*)

De Trouville à Bonneville. — Accidents de voyage. — Toucques.
Ses églises. — Arrivée à Bonneville.

Nous marchâmes au trot jusqu'à ce que nous eussions quitté le village, mais quand nous fûmes sur la route, une belle route qui côtoie la Toucques, Juliette eut l'idée d'essayer jusqu'à quel point l'*Éclair* méritait son nom, elle le mit donc au galop.

— La petite folle! dit sa mère, effrayée de l'allure que prenait l'animal excité par la jeune fille : elle va tomber.... Maurice, arrêtez-la, je vous en prie.

Ainsi député vers ma cousine, je me précipitai à la poursuite de Juliette.

J'allais l'atteindre quand, par un caprice subit, mon âne s'arrêta court.

Pourquoi?... Je ne l'ai jamais su.

Je le flattai, mais sans succès; je le frappai, il ne parut pas plus sensible aux coups qu'aux caresses.

En entendant les apostrophes assez peu choisies que j'adressais, dans ma colère, au baudet récalcitrant, ma cousine s'était retournée. Ma position était si comique et je faisais une figure si lamentable et si ridicule, qu'elle partit d'un bruyant éclat de rire auquel répondirent les éclats de rire non moins bruyants de nos compagnons de voyage. Ma tante seule ne riait pas. Je l'ai déjà dit, elle est très bonne, ma tante, et elle me plaignait d'être ainsi livré au ridicule par le caprice d'une bête entêtée, et puis elle s'accusait d'être la cause de ma mésaventure.

— Vous êtes fort bon écuyer, je le sais, Monsieur de Lussac, me dit M. Larive, vous connaissez parfaitement les chevaux ; mais, quant à conduire un âne, vous n'y entendez rien, permettez-moi de vous le dire…. Prenez celui-ci, ajouta-t-il en mettant pied à terre, c'est une bonne bête, et il est très obéissant pour un âne. Je me charge du vôtre.

— Je veux bien faire l'échange, lui répondis-je. Je serai bien aise de voir quel moyen vous prendrez pour dompter ce vicieux animal.

— Je n'emploierai pas la douceur, je peux vous l'affirmer.

M. Larive enfourcha l'âne récalcitrant, et, prenant une houssine, le frappa sans doute à un endroit sensible, car le baudet fit en arrière un tel bond, qu'il manqua de désarçonner son cavalier. Celui-ci, cependant, parvint à se maintenir et, pour punir l'animal, le frappa de nouveau à coups redoublés. Alors, trouvant sans doute dangereux de s'entêter plus longtemps, et voulant peut-être rattraper le temps perdu, celui-ci prit sa course, une course désordonnée, qui bientôt mit une grande distance entre nous et son malheureux cavalier.

— Arrêtez, arrêtez, Monsieur Larive ! criait mon oncle, nous ne pourrons jamais vous suivre.

Pour moi, je riais à gorge déployée en voyant ainsi emporté, malgré lui, celui qui devait me montrer à dompter un âne.

CHAPITRE XVII

Tout à coup, ma tante poussa un cri d'effroi. Son cavalier le gênant sans doute dans sa course, maître Aliboron venait de s'en débarrasser en le précipitant dans un fossé.

Nous nous hâtâmes d'aller porter secours à notre malheureux compagnon de voyage. Peine inutile, car, le fossé étant rempli d'une herbe

TROUVILLE : PLAGE, BAINS, SALON DE CONVERSATION

épaisse, sa chute s'était trouvée singulièrement amortie, et M. Larive n'avait d'autre blessure que celle causée à son amour-propre par son insuccès de cavalier. Quand nous arrivâmes, il était debout; il regardait son âne qui courait toujours. C'était lui qui maintenant faisait triste figure.

Cependant des ouvriers, qui venaient, en sens inverse, sur la route, s'étant portés au devant de l'âne et l'ayant arrêté, nous le ramenèrent. Nous étions près d'une maison de paysans, nous priâmes le propriétaire de vouloir bien garder jusqu'à notre retour l'animal récalcitrant dont nous ne pouvions plus espérer aucun service.

Et nous nous remîmes en route.

M. Larive, tout penaud, nous suivait d'autant plus facilement que nous avions ralenti le pas de nos montures. Je lui avais bien proposé de reprendre l'âne dont il s'était dessaisi en ma faveur, mais je n'avais pu le lui faire accepter.

— Je me suis moqué de vous, m'avait-il dit, ma fanfaronnade a été punie, c'est justice.

Après avoir passé devant le manoir de Meautrix, assez jolie construction des XVI° et XVII° siècles, nous arrivâmes tranquillement à Toucques.

Toucques est un petit port de cabotage, situé sur la rivière du même nom. C'est là que Guillaume le Roux, fils de Guillaume le Conquérant, s'embarqua pour aller recueillir l'héritage paternel.

Toucques était autrefois une ville importante; mais de son ancienne splendeur, il ne lui reste que deux églises dont l'une, en ruines, ne sert plus au culte. Nous priâmes deux petits garçons qui jouaient sur la route de garder nos ânes pendant que nous irions les visiter.

De l'église Saint-Pierre, classée parmi les monuments historiques, il reste le chœur, une partie de la nef, remaniée au XVII° siècle, et une tour octogone du XII° siècle; rien ne peut faire supposer que cette église remonte au delà du XI° siècle.

Celle de Saint-Thomas, aujourd'hui la seule église de Toucques, appartient à différentes époques. La nef semble remonter à la seconde moitié du XII° siècle, la base du clocher carré, dont la flèche a été reconstruite, date de la même époque, tandis que le chœur est du style ogival flamboyant. La petite porte latérale de l'est date du x⁰ siècle, et le portail est moderne.

En sortant de Saint-Thomas, nous remontâmes sur nos ânes ; quelques sous firent le bonheur des petits garçons qui les avaient gardés en notre absence.

Nous continuâmes notre chemin. Après avoir suivi quelque temps la belle route de Pont-l'Évêque, qui traverse le village, nous tournâmes à gauche et suivîmes un joli chemin qui gravit, en le tournant, un coteau d'où l'on jouit d'une vue délicieuse sur Toucques et la belle vallée d'Auge.

Arrivés au haut du coteau, nous nous trouvâmes sur une rotonde, où une barrière en bois, arrêtant notre marche, nous avertit que nous étions à l'entrée du château.

ANÉMONE DE MER

CHAPITRE XVIII

TROUVILLE (suite)

Les ruines du château de Bonneville. — La tour du Serment.
La prison. — Les ruines de Saint-Arnould et celles de Lassay.

Du château de Bonneville, qui fut une des résidences favorites de Guillaume le Conquérant, il ne reste aujourd'hui que des ruines, que les voyageurs peuvent visiter en s'adressant au fermier.

M. Larive, qui avait souvent eu l'occasion d'accompagner à Bonneville des baigneurs de Trouville, connaissait cet homme, il alla le trouver.

— Nous venons visiter le château, lui dit-il. Ne vous dérangez pas, je guiderai ces dames et ces messieurs; je puis vous assurer qu'ils n'emporteront pas une pierre des ruines. Seulement vous voudrez bien veiller, n'est-ce pas, à ce qu'on fasse manger nos ânes?

— Ils ne manqueront de rien. Je vais les faire mettre à l'écurie.

— Merci.

Nous passâmes sous une belle porte ogivale du XIIIe siècle. Malheureusement, en face de cette porte, à la place où s'élevait autrefois la demeure seigneuriale et princière des ducs de Normandie, l'œil est, aujourd'hui, grandement choqué à la vue d'un château moderne, de fort modeste apparence, dont l'architecture est complètement nulle, et devant lequel s'étend une pelouse plantée d'arbres fruitiers. Du château de Guillaume le Conquérant, il ne reste qu'une enceinte de murailles flanquée de six tours, y compris la tour du Donjon et la porte dont j'ai parlé.

M. Larive nous fit remarquer, à notre droite, les ruines de la tour du Consul ou du Serment, dans laquelle Harold dut jurer à Guillaume le Bâtard de l'aider à conquérir l'Angleterre.

— Si vous voulez, nous dit-il, avant de quitter d'ici, nous pourrons demander à la visiter?

— Oh! oui, dit Juliette; je voudrais bien entrer dans l'intérieur de cette vieille tour, les chambres doivent y être bien noires et bien tristes.

— Vous serez satisfaite, Mademoiselle.

— Cette autre tour, à gauche, est celle de la prison, n'est-ce pas? demandai-je à M. Larive.

— Oui.

— Ceux qu'on y enfermait ne devaient pas s'évader facilement, fit observer mon oncle.

— Ils en sortaient rarement.

Un frisson parcourut tous nos membres; du moins il me semble que chacun dut partager l'impression que produisit sur moi cette simple phrase, prononcée à cette place, en face de cette antique prison dont les murs, en ruines aujourd'hui, durent voir le dénouement de tant de drames sanglants.

Nous fîmes le tour de l'enceinte et remarquâmes que les fossés étaient parfaitement conservés.

Quand nous eûmes achevé de visiter les ruines du vieux château féodal, M. Larive nous engagea à monter un escalier établi sur l'emplacement de l'ancien cimetière, maintenant comblé.

— Vous venez de visiter les ruines du château de Bonneville; vous avez pu, nous dit-il, vous croire un instant contemporains des comtes normands, regardez maintenant.

Nous étions alors sur une terrasse d'où nous pouvions, d'un coup d'œil, embrasser les deux belles plages de Trouville et de Deauville, avec leurs luxueux chalets, leurs splendides hôtels; nous apercevions les élégants baigneurs qui s'y promenaient nombreux.

Ce mouvement, cette vie contrastait d'une si étrange façon avec le calme qui régnait autour de nous, avec la solitude des ruines dont nous étions entourés, que nous éprouvâmes quelque chose de l'étonnement dont seraient saisis les anciens Normands, dont les restes reposent peut-être encore sous la terre que nous foulions au pied, si, se réveillant tout à coup d'entre les morts, ils voyaient fourmiller autour d'eux les générations actuelles et se trouvaient en présence des manifestations de la science et du progrès moderne.

— Nous n'avons plus rien à voir ici, nous dit M. Larive en descendant de la terrasse, nous pouvons partir.

— Et la tour du Serment, nous ne la visiterons donc pas? demanda Juliette.

— J'oubliais. Je vais demander au fermier de nous y accompagner.

— Est-ce bien utile? fit mon oncle.

Le fermier justement venait à notre rencontre.

— Mademoiselle voudrait visiter la tour du Serment, lui dit M. Larive.

— Rien de plus facile.

Il entra chez lui et en ressortit tenant à la main une énorme clef; il se dirigea vers la tour. Nous le suivîmes.

Nous pénétrâmes avec lui dans la salle où Harold prêta le serment auquel il devait si tôt manquer. Nous visitâmes également les autres parties de la tour. Ce ne sont que des ruines, mais elles sont fort intéressantes au point de vue de l'art, mais, surtout, elles sont peuplées de souvenirs.

En sortant, ma cousine me dit :

— Si je restais plus longtemps ici, je crois que j'aurais peur.

— De quoi, Juliette?

— Des fantômes, des revenants, que sais-je? Ces lieux ne sont pas faits pour les hommes du xixe siècle, mais pour ceux d'un autre âge.

— Age disparu, ma cousine, et qui ne reviendra pas plus que les anciens habitants de ce vieux castel.

— Je comprends, Maurice, que vous vous moquez de moi, mais je ne suis pas maîtresse de l'instinctive terreur que m'inspirent ces ruines.

— Cette terreur, je n'en suis pas complètement exempt, pour la vaincre il faut que j'appelle la raison à mon aide, lui répondis-je.

Nous étions restés un peu en arrière.

— Arrivez donc! nous cria mon oncle.

Le garçon de ferme amenait les ânes que M. Larive avait demandés.

Nous nous hâtâmes de rejoindre la société, et nous ne fûmes pas longtemps à nous remettre en route.

Cette fois, je forçai M. Larive à prendre l'âne sur lequel j'étais venu, et ce fut moi qui voulus aller à pied.

— Nous avons tout le temps, dit-il en regardant sa montre, de revenir par les ruines de Saint-Arnould et de Lassay. Vous convient-il, Mesdames, de les visiter?

— Si elles sont curieuses, je ne demande pas mieux, répondit ma tante.

— Allons-y, dit Juliette, je les ai beaucoup entendu vanter par les dames qui demeuraient en même temps que nous à *Frascati* l'année dernière, et j'ai, depuis lors, grande envie de les connaître.

RUINES DE SAINT-ARNOULD

— Puisqu'aujourd'hui nous sommes destinés à admirer des ruines, allons encore admirer celles-là, dit mon oncle.
— Et l'âne que nous avons laissé en route? fit observer Charles.
— J'irai le chercher lorsque vous serez rentrés, répondit M. Larive,

mais j'emmènerai le petit garçon du loueur, il le conduit souvent, et, sans doute, il saura le faire obéir.

Nous regagnâmes la route de Pont-l'Évêque et la suivîmes quelque temps, puis M. Larive nous fit prendre sur la gauche. Nous traversâmes la Toucques, puis le pont du chemin de fer, et, par une belle route, sur laquelle nous pouvions faire gaiement caracoler nos montures, nous arrivâmes à un herbage où nous nous arrêtâmes pour attacher nos ânes, après quoi nous n'eûmes plus qu'à gravir un petit chemin ombragé pour atteindre les ruines que nous allions visiter.

Le prieuré de Saint-Arnould, dont nous avions devant les yeux les intéressantes ruines, date du xie siècle, ou des premières années du xiie; les archéologues ne s'accordent pas absolument sur ce point, d'ailleurs peu important.

Il se composait primitivement d'une crypte, d'une église et d'une chapelle.

De l'ancienne église, il ne reste que les belles arcades du chœur, une petite tour romane, et une piscine, également romane, placée près du sanctuaire. La nef, entièrement découverte, a été refaite, au moins en grande partie, vers la fin du xve siècle ou au commencement du xvie. Une chapelle du xve siècle, dont les chapiteaux sont fort beaux, est placée à l'extrémité est du collatéral nord.

L'ancienne chapelle est tout à fait en ruines.

La crypte seule subsiste. Elle contient encore des restes de tombes et des débris d'ossements.

A côté des ruines de l'ancien prieuré, jaillissent deux sources d'eau vive : les fontaines de Saint-Clair et de Saint-Arnould.

— Que cette eau est belle! dit Juliette, en montrant l'eau de cette dernière fontaine.

— Oui, Mademoiselle, lui répondit M. Larive, elle est bien belle;

mais ce n'est pas tout, elle passe pour posséder de merveilleuses vertus.

— Vraiment ! et lesquelles ?

— Elle guérit, dit-on, les maux d'yeux et donne de la force aux enfants délicats. Les gens du pays font ici de fréquents pèlerinages. Je ne sais pas si les eaux ont les vertus miraculeuses qu'on leur attribue, mais la foi de ces braves paysans est si vive et si touchante, que Dieu peut bien quelquefois accorder un miracle à la ferveur de leurs prières.

— Reposons-nous ici quelques instants, dit ma tante.

— Oui, repris-je, j'allais vous le proposer.

— Ces ruines sont si belles, est-ce que vous ne les dessinerez pas, mon cousin ?

— Oui, si vous voulez m'en laisser le temps ; autrement, je reviendrai seul ici, un matin.

— Cela vaudrait peut-être mieux, observa mon oncle, car il commence à être tard, et, si tu te mettais à dessiner, la nuit pourrait bien nous surprendre ici.

L'observation de mon oncle était juste.

— Nous aurions encore le temps de monter au château de Lassay, dit M. Larive.

— Est-ce bien loin ?

— Nous y arriverons en quelques minutes.

M. Larive ne nous trompait pas. Dès que nous fûmes un peu reposés, nous continuâmes à monter le sentier dont nous avions déjà gravi la plus grande partie pour arriver à Saint-Arnould, et bientôt nous nous trouvâmes sur le sommet du mont Canisy, en face du château de Lassay. De ce château, bâti seulement sous Louis XIV, il ne reste aujourd'hui qu'un escalier entouré de murailles ; mais la position occupée par ces ruines, d'où l'on découvre une immense étendue de pays, est tellement belle, que nous ne regrettâmes pas la peine que nous avions prise pour arriver jusque-là.

Notre après-midi avait été admirablement remplie ; nous avions fait une magnifique excursion sans aucun accident, à part celui qui nous avait privés d'une de nos montures et avait couvert de honte le malheureux M. Larive.

Je n'assistai pas à son entrevue avec le propriétaire du malencontreux animal, cause de sa mésaventure ; ce qu'il y a de certain, c'est que je n'eusse pas voulu être à la place du père Guérin.

Deux jours plus tard, je suis retourné aux ruines de Saint-Arnould, non avec un album, mais armé de tout l'attirail nécessaire pour faire une esquisse sérieuse du pittoresque et sévère paysage auquel je n'avais pas cessé de songer depuis la promenade que nous y avions faite.

Malheureusement, le peintre ne peut reproduire qu'un coin du tableau dont l'ensemble le ravit et l'enchante, et ceux mêmes de mes lecteurs qui verraient la toile où j'ai représenté les ruines de Saint-Arnould, ne s'en feraient qu'une idée bien imparfaite. Ils me sauront donc gré, je l'espère, de mettre sous leurs yeux la fidèle et poétique description qu'en a faite Pitre-Chevalier :

« Figurez-vous un joyau d'architecture encadré dans un paysage de Daubigny : tel est l'ancien prieuré de Saint-Arnould. On en a fait cent tableaux ; on en fera mille encore, car ces ruines ont le privilège d'inspirer tous les artistes et tous les peintres. Jamais la pierre et le feuillage, l'ombre et la lumière, le passé qui meurt, et l'éternelle nature ne se marièrent avec plus de grâce naïve et d'effets charmants. La porte est obstruée de ronces et de colonnes brisées ; des frênes verts ont remplacé le toit des arcades romanes et gothiques, des arbustes poussent entre les dalles fendues, puisant leur sève dans la cendre des tombeaux; les festons du lierre complètent les chapiteaux ébréchés, des giroflées sauvages embaument les grottes des saints. Un jeune ormeau s'est greffé de lui-même dans les acanthes d'un pilier que les broussailles entourent de guirlandes flottantes. »

BAIE

CHAPITRE XIX

TROUVILLE (*suite*)

Une journée de pluie. — Visite au Casino.

Le lendemain était un dimanche. Ma tante proposa de nous reposer. Les offices du matin, auxquels elles ne voulaient pas manquer, ni elle ni sa fille, ne leur permettraient pas d'entreprendre une grande excursion, elle pensait donc que mieux vaudrait n'en pas faire ce jour-là, et rester simplement sur la plage de Trouville.

— Elle est assez belle, disait-elle, pour s'en contenter une après-midi.

Il fallut bien céder au désir de ma tante.

Mais, hélas! son programme même ne fut pas rempli.

Comme nous revenions de l'église, où j'avais comme toujours suivi ma tante et ma cousine, la pluie commençait à tomber.

Nous ne pûmes sortir avant trois heures. Nous nous en consolâmes en mettant à jour notre correspondance, nous profitâmes des loisirs que nous faisait la pluie pour remplir des promesses depuis longtemps négligées.

Vers trois heures, la pluie tombait moins fort.

— Pourquoi, nous dit M. Larive, n'irions-nous pas au Casino ? Vous ne le connaissez pas, Mesdames; vous avez passé deux heures sur la terrasse, cela ne suffit pas. Je veux vous le faire visiter en détails, il en vaut la peine.

— Eh bien, allons au Casino, dit mon oncle; nous nous y ennuierons toujours moins qu'ici par cet affreux temps.

Les dames montèrent dans leurs chambres afin de faire un peu de toilette. Une demi-heure plus tard, elles nous rejoignaient au salon. Elles s'étaient enveloppées dans leurs imperméables, nous prîmes nos manteaux, et nous nous rendîmes au Casino.

Nous nous arrêtâmes quelque temps dans le salon de conversation; les dames feuilletèrent quelques revues, et nous jetâmes un coup d'œil sur les derniers numéros de l'*Illustration* et du *Journal des Courses*.

— Maintenant, nous dit bientôt M. Larive, si vous le voulez bien, je vais vous faire visiter l'établissement. Il y a encore peu de monde, nous serons plus à l'aise pour tout examiner. Je suis sûr que cela intéressera Mademoiselle.

Il nous fit traverser le cabinet de lecture, le salon des jeux, la salle de billard, pour arriver au grand salon.

Ce grand salon de Trouville est vraiment magnifique. Construit dans de très grandes proportions, il est admirablement disposé et splendidement décoré. Une galerie supérieure permet d'embrasser d'un seul coup d'œil l'aspect féerique qu'il présente les jours de fêtes, quand s'y étalent et s'y croisent les magnifiques toilettes des élégantes abonnées.

— C'est un jour de bal qu'il faudrait voir ce salon, nous dit

M. Larive, on ne se fait pas une idée de l'effet qu'il produit aux lumières; il faut dire aussi qu'il est splendidement éclairé.

— Le grand lustre est magnifique, remarqua ma tante.

— Je le crois bien. Savez-vous ce qu'il a coûté?

— Non.

TROUVILLE, VUE DU MONT CANISY

— Huit mille francs.

— Est-ce possible?

— C'est vrai. Le lustre et les huit grands candélabres qui complètent l'éclairage de la salle y répandent des flots de lumière qui font valoir en même temps la décoration de la pièce et les toilettes des dames.

— Je le crois bien.

Pendant que M. Larive causait avec les dames, j'examinais le paysage qui fait le fond du théâtre, qui forme lui-même un des côtés du salon. Il est de Rubé et est vraiment fort joli.

Les autres peintures décoratives, dues au pinceau du même artiste et à celui de Chapiron, sont également remarquables.

J'en fis compliment à M. Larive.

— Vous voyez que le Casino de Trouville mérite sa réputation, me dit-il.

— Oui, certainement, et les personnes qui aiment le luxe doivent beaucoup se plaire ici.

— Pour moi, dit Juliette, je préfère le Casino plus modeste de *Frascati*.

— Et vous avez bien raison, ma cousine.

— Ah! Mademoiselle, si vous aviez assisté à l'un de nos bals, vous ne diriez pas cela.

— Je m'imagine que je le dirais mieux encore. Que vient-on chercher aux bains de mer?

— Des distractions.

— Je croyais qu'on voulait aussi y trouver le repos.

— Les personnes malades vont aux eaux.

— Et les autres viennent ici, ou dans d'autres stations semblables, achever de se tuer si l'hiver ne leur a pas suffi pour cela, dis-je, prenant à mon tour la parole.

— Je plains, ajouta ma tante, les femmes qui viennent se reposer ici.

— Elles ne se trouvent pas à plaindre, je vous l'assure.

— Elles se tuent gaiement, dit mon oncle.

La pluie continuait à tomber. Nous retournâmes dans le salon de conversation, et nous nous attaquâmes de nouveau aux revues; bientôt

CHAPITRE XIX

pourtant de mélodieux accords, venant du grand salon, nous avertirent que le concert, qu'y donne quotidiennement un excellent orchestre, allait commencer.

Nous nous hâtâmes de nous rendre dans le salon, où une nombreuse société était déjà réunie. Malgré le mauvais temps, beaucoup de dames avaient fait grande toilette; on s'habille quand même à Trouville. Je vis avec plaisir que ma cousine ne semblait nullement embarrassée de sa simple robe de laine, et qu'elle goûtait, sans préoccupation, le plaisir d'entendre de la bonne musique exécutée par de véritables artistes.

Nous quittâmes le Casino aussitôt le concert terminé.

Le soir — il pleuvait toujours, — nous passâmes une heure dans le salon de l'hôtel, puis nous nous retirâmes dans nos chambres après être convenus que, si, le lendemain, le beau temps était revenu, nous irions à la pêche aux moules, comme nous en avions formé le projet, la veille, en revenant de Bonneville.

CHAPITRE XX

TROUVILLE (*suite*)

Les Roches-Noires. — La pêche aux moules. — L'arrivée des bateaux de pêche. — Histoire de la Gervaise. — Le marché au poisson.

Quand je m'éveillai le lendemain, un beau soleil inondait ma chambre, située au levant et dont, suivant mon habitude, je n'avais pas, la veille, fermé les persiennes.

— Mais il fait beau! m'écriai-je.

Et, regardant la pendule,

— Sept heures! dis-je, le rendez-vous est pour huit heures moins un quart, je n'ai pas de temps à perdre.

Je me levai, je m'habillai, et, quelques minutes avant l'heure fixée, j'étais dans la salle à manger, où je fus bientôt rejoint par mon oncle.

— C'est bien, me dit-il en entrant, ton exactitude m'enchante; j'ai été exact toute ma vie, et je m'en suis toujours bien trouvé. Je déteste les gens qui se font attendre.

— Ces dames ont toujours l'intention d'aller à la pêche?

— Oui, certainement, puisqu'il fait beau.

En ce moment, ma tante entrait avec ma cousine.

Juliette avait revêtu pour cette occasion un coquet costume de pêcheuse, qu'elle avait apporté de Dunkerque, où elle se livrait souvent au plaisir d'aller, à marée basse, chercher des coquillages. Son jupon de molleton à larges rayures rouges et bleues lui venait seulement un peu au-dessous des genoux ; son corsage plat en laine bleue, de la forme de ceux que portent les femmes de pêcheurs, s'ouvrait sur une chemise de laine rouge. Chaussée d'espadrilles, coiffée d'un grand chapeau de jonc, orné d'un galon de laine bleue attaché sous le cou par un galon semblable, elle était toute gentille. Un petit panier de pêche, mis en bandoulière, complétait son costume. Jamais je ne l'avais trouvée plus charmante.

— Et votre ami, me dit ma tante, n'est-il pas encore descendu ?

— Charles ?... Je ne l'ai pas vu ce matin.

— Allez donc le réveiller, dit Juliette en riant. Mais non, ajouta-t-elle aussitôt, c'est inutile : voici M. Dupré avec M. Larive, notre cicérone habituel.

Ils entraient en effet tous deux.

Au même moment, un garçon d'hôtel nous apportait notre déjeuner.

Nous prîmes à la hâte qui du café, qui du chocolat, qui une tasse de thé, et nous nous mîmes en route.

Nous nous dirigeâmes vers l'*Hôtel des Roches-Noires*. C'est devant cet établissement que se trouvent les bancs de moules les plus exploités des pêcheurs de Trouville. Elles y sont très abondantes ; serrées les unes contre les autres, le tranchant en avant, elles donnent aux roches auxquelles elles sont attachées la teinte noirâtre à laquelle elles doivent leur nom.

Nous étions tous chaussés de façon à pouvoir aller partout. Nous

nous enfonçâmes au milieu des rochers et, à l'aide de forts couteaux dont nous avions eu soin de nous munir, nous pûmes détacher une quantité considérable de mollusques, dont nous remplîmes une énorme corbeille, qu'un petit garçon du village, venu exprès avec nous, avait apportée, puis le panier de Juliette, qu'elle voulait emporter elle-même, tout plein, si plein, que le couvercle, se soulevant,

BARQUES DE PÊCHE

laissa voir les moules, afin, disait-elle, d'avoir l'air d'une vraie pêcheuse.

Vers dix heures, la marée, qui commençait à monter, nous força d'abandonner les rochers. Nous envoyâmes notre petit commissionnaire porter à l'hôtel les moules que nous voulions manger à déjeuner, et, pour attendre l'heure de la table d'hôte, je proposai de faire un petit tour sur le quai Tostain, afin d'assister au débarquement des bateaux de pêche, spectacle toujours intéressant et pittoresque. Ma proposition fut acceptée; nous rentrâmes seulement changer de chaussures, et nous nous rendîmes aussitôt sur le quai.

A peine y étions-nous que nous vîmes venir de loin les barques, très nombreuses ce jour-là. Leurs voiles déployées se balançaient à peine au souffle d'une brise presque nulle, elles avançaient lentement. Elles arrivèrent enfin; aussitôt la cloche du marché sonna pour annoncer que la vente du poisson allait avoir lieu. Pendant ce temps, les pêcheurs débarquaient; leurs figures basanées, bonnes et franches — figures qui n'ont pas l'habitude de la dissimulation, — étaient graves, presque tristes.

Nous étions tout près d'un des deux bateaux, quand une femme, s'adressant au pêcheur qui le montait, lui dit :

— Eh bien, mon homme, la pêche n'a pas été bonne cette nuit, n'est-ce pas ?

— Non.

Elle ne dit rien, mais une larme coula sur sa joue maigre et brune.

— Pauvre femme! fit près de nous une jeune dame, qui, elle aussi, avait entendu le court dialogue qui devait, dans sa brièveté, signifier tant de choses.

Ma cousine semblait l'interroger du regard.

— Oh! oui, dit la jeune femme, malheureuse Gervaise! cinq enfants à nourrir, et une pauvre petite malade qui lui coûte si cher!

— Et la pêche est mauvaise, murmurai-je.

— Il n'y a peut-être plus de pain chez elle, continuait la jeune femme.

Juliette prit la parole:

— Ici, à Trouville, dit-elle, il est des gens qui meurent de faim, quand il se dépense tant d'argent inutilement?

CHAPITRE XX

— Juliette, fit ma tante, ne t'emporte pas comme cela.

— Mère, madame est bonne, elle m'excusera.

— Certainement, Mademoiselle. Mais il ne faut accuser personne d'abandonner la Gervaise ; elle est fière et ne veut rien demander.

— Mais on connaît sa misère.

— Elle ne veut point qu'on vienne à son secours ; il en est de plus

DÉBARQUEMENT DU POISSON

pauvres, dit-elle. Son mari est propriétaire de sa barque ; quand le temps est favorable, il fait parfois de belles prises ; elle n'a pas le droit de manger le pain des mendiants.

— Mais son enfant est malade.

— Et depuis bien des jours la pêche est mauvaise ; c'est pour cela qu'elle est si triste aujourd'hui.

— Tantôt j'irai la voir, dit la dame, je lui porterai des médicaments et quelques friandises pour la petite ; elle ne les refusera pas, car elle est bonne mère, et pour son enfant malade elle acceptera ce qu'elle regarde comme une humiliation.

— Et les autres? dit Juliette.

— Le mauvais temps ne durera pas toujours. L'aînée de ses petites filles a sept ans, je lui ferai faire des commissions; elle gagnera ainsi quelques sous, et sa mère achètera du pain. Il n'est pas si facile que vous le croyez de faire du bien à la Gervaise.

Pendant que nous causions avec la charitable étrangère, on avait déchargé les bateaux; nous étions maintenant presque seuls sur le quai ; nous nous dirigeâmes vers le marché.

La vente était commencée. Les marchandes de poisson, coiffées du traditionnel bonnet de coton, se disputaient les turbots, les mulets et surmulets qui, très rares ce jour-là, se vendaient à des prix fort élevés; il fallait les entendre crier et se disputer dans un patois inintelligible pour nous, mais que nous pouvions cependant traduire, sans crainte de nous tromper, en nous rappelant les grossières et pittoresques expressions employées par les poissardes parisiennes.

Nous restâmes là jusqu'à ce que tous les lots de poisson eussent été adjugés et enlevés. Une vente à la criée est toujours une grande distraction pour des désœuvrés. Nous rentrâmes ensuite déjeuner.

Les moules, que nous avions pêchées le matin, avaient été préparées avec soin, et nous les trouvâmes excellentes. L'honneur doit-il en revenir au cuisinier de l'établissement, à l'appétit que nous avaient donné la promenade matinale que nous avions faite et l'exercice que nous avions pris, ou bien encore à l'idée que nous avions eu la peine de les chercher, que pour les avoir nous avions accroché nos habits et meurtri nos mains aux aspérités des rochers?

CHAPITRE XX

Après le déjeuner, quand il s'agit de décider ce que nous ferions dans la journée, ma tante déclara qu'elle était trop fatiguée pour prendre part à aucune excursion. M. Larive avait trouvé, en rentrant, une lettre qui l'invitait à passer la journée dans un château voisin. Il fut convenu qu'on ne se promènerait pas ce jour-là. Je le regrettai bien un peu, car en voyage une journée perdue ne se retrouve pas; mais, à la veille de quitter les excellents parents que j'avais été si heureux de rencontrer, je ne pouvais faire moins que de leur sacrifier quelques heures.

— Demain, nous avait dit, en nous quittant, M. Larive, rappelez-vous que je veux vous conduire au château d'Hébertot.

Et il était convenu que, le soir, à son retour, il s'assurerait d'une voiture.

Nous passâmes la journée sous la tente-abri, placée près du Casino, où l'on peut jouir, sans fatigue aucune, du magnifique spectacle de la mer et de celui, moins grandiose mais parfois fort amusant, que présente à l'observateur la foule bigarrée des baigneurs qui se promènent sur la plage.

MAQUEREAU

CHAPITRE XXI

TROUVILLE (*suite*)

Promenade au château d'Hébertot. — Le château de d'Aguesseau. — La chapelle de Notre-Dame des Bois. — La forêt de Toucques. — L'église de Saint-André d'Hébertot. — La tombe de Vauquelin. — Le château.

Le lendemain, dès sept heures, nous montions en voiture. Le temps, moins beau que la veille, donnait bien quelques inquiétudes à ma tante, mais mon oncle avait déclaré que l'orage n'éclaterait pas avant le soir, et mon oncle a la prétention de se très bien connaître au temps; il a du reste l'expérience d'un ancien marin. M. Larive et Charles partageaient son avis. Quant à ma cousine et à moi, nous n'aurions pas su qu'il y avait des nuages au ciel, si on n'eût pris soin de nous en avertir; nous nous promettions beaucoup de plaisir de cette promenade, que tout le monde nous avait dit être la plus pittoresque des environs, et nous ne voulions pas même songer aux accidents qui pourraient troubler notre joie.

Sur l'avis de M. Larive, qui, habitué à organiser des parties, n'oublie jamais rien, nous avions fait remplir de provisions le coffre de la voiture. Nous devions trouver, à la ferme d'Hébertot, du pain, du lait, du beurre et une salle à manger, si le temps ne nous permettait pas de déjeuner dehors, comme nous en avions l'intention.

Nous partîmes. Les assertions de mon oncle ayant fini par rassurer ma tante, elle partagea bientôt notre confiance et notre gaieté.

Ayant traversé le pont, nous suivîmes le chemin d'Aguesseau, passâmes devant le château Louis XIII, qui fut celui de l'illustre chancelier, et arrivâmes à un vaste plateau couvert de pommiers et de vergers magnifiques.

Le temps s'était éclairci; un peu de vent s'était élevé, nous respirions à pleins poumons dans cette belle plaine.

— Qu'il fait bon ici! dit Juliette; on y voudrait rester.

— Ce serait dommage, reprit M. Larive, car je me promettais de vous faire voir de bien jolies choses.

— Aussi, reprit gaiement Juliette, je ne tiens pas du tout à m'arrêter ici; je dis seulement qu'on y est bien.

Nous ne fûmes pas longtemps à gagner la forêt de Toucques.

Comme nous nous y engagions,

— Cette forêt semble bien grande, dis-je au cocher.

— Mais oui, reprit-il, elle a vingt-huit kilomètres de tour; il est des parties où sa traversée est de dix kilomètres. C'est une belle forêt, allez, où on peut faire de jolies promenades. Les amateurs de fleurs y viennent beaucoup, ils y trouvent, à ce qu'il paraît, des plantes très rares.

Nous suivions la route qui conduit à Saint-Gatien, nous causions, et notre conversation était même assez animée, quand ma cousine s'écria tout à coup :

— Regardez donc, là-bas, une statue.

— Une statue dans ce bois! dit son père, mais vraiment on dirait

CHAPITRE XXI

bien que c'en est une. On en élève beaucoup maintenant, mais, c'est égal, celle-ci est singulièrement placée.

— Quelle est cette statue? demandai-je au cocher.

— C'est celle de Notre-Dame-des-Bois.

— Comment l'a-t-on placée dans un endroit si écarté?

D'AGUESSEAU

— Ce sont les bûcherons de la forêt qui ont élevé là cette statue en l'honneur de la sainte Vierge.

Quelle idée touchante que celle de ces pieux bûcherons, plaçant au milieu des bois, au centre même de leurs travaux, l'image de leur sainte patronne; et qu'elle nous parut poétique, cette grossière image encadrée de verdure, que nous saluâmes respectueusement en passant.

Bientôt nous arrivâmes au joli village de Saint-Gatien, situé sur la lisière de la forêt. Rentrant alors sous bois, nous longeâmes la vallée de Calonne et rejoignîmes la route de Pont-l'Évêque. Suivant ensuite entre deux haies, nous arrivâmes près du château de Mac-Cartan. Là, nous dûmes descendre de voiture et nous rendre à pied, par un pittoresque ravin, au château de Saint-André d'Hébertot, pendant que la voiture continuait à suivre la route.

Le château de Saint-André d'Hébertot est admirablement situé, au pied d'une colline; des arbres séculaires l'entourent, des eaux vives entretiennent la fraîcheur dans ses jardins, la forêt de pins qui le domine et qui, vue de loin, semble un immense rideau de verdure, répand partout, dans ces mêmes jardins, de suaves et saines émanations.

Nous avions tellement faim, que nous voulûmes déjeuner avant de visiter le château. Nous demandâmes du pain à la ferme et priâmes la fermière de nous faire tout de suite une omelette. Bientôt notre voiture arriva, les provisions furent tirées du coffre; ma cousine se chargea de mettre le couvert sur une table boiteuse que nous trouvâmes dans le jardin et que nous calâmes aussi bien que possible; chacun l'aida de son mieux, et, quand la fille de ferme nous apporta l'omelette demandée, nous étions convenablement installés devant la table et tout disposés à lui faire honneur, ainsi qu'au pâté de volaille, au veau froid et aux fruits qui devaient compléter notre repas.

Le déjeuner fut des plus gais. Mon oncle nous raconta des histoires de sa jeunesse; quand il est sur ce terrain, il ne tarit plus. Nous nous chargeâmes, d'ailleurs, M. Larive et moi, de l'exciter à parler; il est si amusant dans sa manière de dire, et ses histoires sont si drôles.

CHAPITRE XXI

Quand nous eûmes fini de déjeuner, M. Larive alla chercher le fermier pour qu'il nous fît visiter le château. Voyant que notre repas se prolongeait et croyant avoir le temps de faire une petite course avant que nous ne sortions de table, il venait de partir. Il ne devait pas tarder à rentrer, nous dit sa femme,

SORTIE DU SOUTERRAIN D'HÉBERTOT A QUETTEVILLE

mais elle n'avait pas les clefs du château; seulement celle de l'église était dans sa chambre, et elle nous proposa de nous la montrer en attendant le retour de son mari.

M. Larive nous ayant fait part de cette proposition, nous l'acceptâmes.

L'église de Saint-André d'Hébertot est fort ancienne; elle est construite dans le style roman, à l'exception des contreforts qui datent du xv° siècle. L'intérieur n'a rien de remarquable, si ce n'est une antique et curieuse chapelle, située à gauche du chœur.

En sortant de l'église, la fermière nous conduisit dans le cimetière, afin de nous faire voir la tombe de Vauquelin.

Le célèbre chimiste, mort en 1829, était né près de Saint-André d'Hébertot, dans une chaumière; son nom est très célèbre dans le pays dont les habitants ont fait, en 1849, élever une colonne en son honneur, à l'embranchement des routes de Pont-Audemer et de Cormeilles. Une simple dalle en marbre blanc indique la place où il repose.

Comme nous quittions le cimetière,

— Voici Baptiste qui rentre, dit la fermière.

Et, appelant son mari,

— Va bien vite chercher les clefs du château, lui dit-elle, tu fais attendre ces messieurs et ces dames. Je te disais bien de ne pas sortir, tu es toujours le même.

Elle parlait encore que Baptiste était déjà dans la maison, et à peine avait-elle achevé son apostrophe, qu'il revenait, nous faisant force excuses, pour s'être absenté quand nous l'attendions.

— Vous n'aviez pas besoin de vous tant presser, lui dit M. Larive, ces messieurs et ces dames n'eussent pas perdu leur temps, l'extérieur du château n'en est pas la partie la moins intéressante.

M. Larive avait raison.

Le château d'Hébertot est une belle construction en pierre, sans une pièce de bois à l'intérieur. Quoiqu'il date de trois époques, il offre cependant un aspect grandiose et ne manque pas d'ensemble.

Le gros pavillon, qu'on pourrait presque appeler un donjon,

CHAPITRE XXI

date de Louis XIII; le corps principal, de Louis XIV; la nouvelle construction, surmontée d'une tourelle qui fait pendant au donjon, est tout à fait moderne.

Le fermier nous introduisit dans l'intérieur du château.

VAUQUELIN

Ce château a subi les modifications successives, nécessitées par les usages de chaque époque. Nous fûmes cependant heureux d'y voir un petit salon dont le plafond fut peint sous Louis XIV, et d'admirer la belle cheminée du grand salon dont le plafond et la frise sont ornés de nombreux blasons. Celui de la famille de Nollent se détache en relief sur le manteau de la cheminée; il représente trois roses et des fleurs de lis. Ce fut par cette famille que fut bâti le château d'Hébertot, sous Louis XIII. Il passa plus tard à la famille de d'Aguesseau.

En sortant du château, nous fîmes prévenir notre cocher que nous voulions repartir tout de suite; nous avions décidé de revenir à Trouville par Pont-l'Évêque, en suivant la belle vallée de Calonne. M. Larive nous avait vanté la beauté de la route et, comme nous avions du temps devant nous, nous voulions vérifier la réalité de ses assertions.

Nous fîmes, en effet, une promenade charmante, bien différente de celle du matin, mais non moins agréable.

— Décidément, les environs de Trouville sont bien jolis, disions-nous tous en rentrant.

CHAPITRE XXII

TROUVILLE (*suite*)

Une partie de pêche. — La pêche au cordeau. — La pêche au chalut.
La pêche à la ligne dans la Toucques.

Nous n'avions plus qu'une journée à rester à Trouville. Mon oncle avait décidé de partir le samedi matin; or, nous étions au vendredi, et nous ne devions pas, Charles et moi, demeurer une heure à Trouville après le départ de ma famille.

— Je voudrais cependant bien, me dit Charles à part, aller à la pêche avant de partir d'ici. Il paraît qu'on prend beaucoup de poissons depuis deux jours. Je n'ai jamais pêché en pleine mer, l'occasion serait bonne.

— Tu es libre de contenter ton envie, lui répondis-je en riant.

— Que diraient ces dames?

— Crois-tu donc que ta société leur soit absolument indispensable?

— Non, mais je crains de leur paraître malhonnête en semblant préférer le plaisir de la pêche à celui de rester avec elles.

— Ces dames seront très indulgentes; confie-leur ton désir, et elles seront les premières à t'engager à le satisfaire.

— Je n'ose pas.

— Eh bien, je parlerai pour toi.

Nous avions cette conversation dans la salle à manger, pendant que nous attendions notre déjeuner du matin.

Bientôt M. et Mme de Lussac entrèrent avec Juliette. Ils s'assirent en face de nous.

— Charles, dis-je après un instant, me faisait tout à l'heure une confidence.

— Et vous êtes déjà prêt à trahir votre ami, me dit ma tante en souriant.

— Il ne m'en voudra pas.... Croyez-vous que M. Charles meurt d'envie de nous fausser compagnie aujourd'hui.

— Mais, c'est affreux cela !

— Que voulez-vous, les pêcheurs et les chasseurs ne sont pas gens fort aimables.

— La chasse n'est pas encore ouverte, c'est donc le pêcheur qui réclame sa liberté?

— Oui, ma tante.

— Et à quelle pêche pensez-vous aller, Monsieur Charles?

— Je voudrais louer une barque pour aller en pleine mer pêcher au cordeau.

— Avec un pêcheur de profession?

— Oui, Madame.

— Cela doit être bien amusant, dit Juliette.

— J'ai envie d'accompagner M. Dupré, reprit mon oncle.

— Alors tout le monde va nous abandonner, dit ma tante, car je suppose, Maurice, que vous serez de la partie?

— Vous vous trompez, ma tante, car, avec votre permission, je vous tiendrai compagnie.

— Vous n'aimez pas la pêche?

CHAPITRE XXII

— Je n'ai jamais pêché en mer.

— Et cela ne vous tente pas ?

— Je ne dis pas cela, mais je préfère rester avec vous.

— Il y aurait peut-être un moyen de tout arranger, maman, dit Juliette.

— Et comment ?

— En allant à la pêche, nous aussi.

— C'est une idée, reprit mon oncle, et si ta mère ne craignait pas d'être malade....

— La mer est si calme aujourd'hui.

— Je ne crois pas, repris-je, qu'il soit possible d'avoir le mal de mer par un pareil temps.

— Alors, dit résolument ma tante, j'ai envie de m'aventurer.

— Décidez-vous, ma tante. La partie sera charmante, et puis vous épargnerez un remords à ce pauvre Charles.

— Je suis décidée.

Nous sortîmes dans l'intention de chercher un pêcheur, disposé à nous louer son bateau.

Comme nous arrivions sur le quai, nous rencontrâmes M. Larive, que nous n'eûmes pas de peine à décider à être des nôtres. Il connaît tous les marins de Trouville. Il en aperçut un qui flânait avec des camarades.

— Voilà notre affaire, dit-il, un pêcheur habile et un prudent marin ; avec lui nous n'aurons rien à craindre, et, si nous ne rapportons pas de poisson, c'est que personne n'en aura pris aujourd'hui.... Fabien ! cria-t-il.

— Monsieur Larive ! je viens, dit de loin le vieux pêcheur.

J'avais oublié de dire qu'il était vieux.

Il fut bientôt près de nous.

— Ton bateau est-il libre ?

— Oui.

— Veux-tu nous conduire à la pêche.

— Si cela vous fait plaisir.

— Que nous prendras-tu ?

— Combien de temps pensez-vous être en mer ?

— Tant que nous nous y trouverons bien.

— Nous nous arrangerons toujours, ou plutôt vous arrangerez cela, Monsieur Larive.

— Nous pouvons partir tout de suite ?

— Certainement. Mon bateau est tout prêt.

Il sauta dans son canot et nous engagea à embarquer immédiatement.

Charles et moi, nous descendîmes les premiers, afin d'aider les dames à entrer dans la barque, où nous fûmes bientôt tous installés aussi commodément que possible.

— Maintenant, où allons-nous ?

— Où vous voudrez, Fabien.

— Où nous devrons trouver du poisson, dit Juliette.

— Pour cela comptez sur moi.

Nous allions pêcher au cordeau. Cette pêche est la plus usitée en pleine mer par les pêcheurs de Trouville. Le cordeau est une ligne immense, toute couverte d'hameçons, que l'on dévide du bateau en la maintenant, afin de sentir les secousses que le poisson imprime toujours quand il est pris.

Cette pêche nous amusa beaucoup. Chacun de nous voulut essayer son adresse, ou plutôt éprouver sa patience. Juliette tenait le cordeau depuis déjà quelque temps, et rien n'avait encore mordu, quand, tout à coup, elle poussa un cri de joie ; elle sentait quelque chose au bout de sa ligne ; elle la retira doucement et ramena un fort joli bar. Elle était fière, ma cousine, aucun de nous n'avait

PÊCHE AU CORDEAU

rien pris encore. A partir de ce moment, le poisson commença à mordre.

Nous restâmes plusieurs heures en mer; le temps était beau, une brise légère, soufflant du nord, tempérait la chaleur et permettait de supporter l'ardeur du soleil.

Notre pêche fut fructueuse; quand nous débarquâmes, il y avait bien trente livres de poisson dans le fond du bateau; c'était principalement du maquereau et du rouget. Il y avait aussi quelques bars, dont un magnifique que nous choisîmes pour notre part et portâmes triomphants à notre maîtresse d'hôtel.

Nous rentrâmes, enchantés de notre journée.

— C'est dommage, nous dit pendant le dîner M. Larive, que vous n'ayez pas plus longtemps à rester à Trouville; un autre jour, nous aurions été pêcher dans la Toucques.

— Pêcher à la ligne? dit Juliette, je doute que cela m'eût beaucoup amusée.

— Permettez-moi de croire au contraire, Mademoiselle, que vous vous seriez passionnée pour cette pêche. La Toucques est très poissonneuse, et l'on y fait des pêches vraiment miraculeuses; or le pêcheur s'amuse toujours quand le poisson mord à l'hameçon. N'est-ce pas, Monsieur Dupré?

— Vous avez raison.

— Mais, vous qui êtes si grand pêcheur, Monsieur Charles, pourquoi ne feriez-vous pas, avant de partir, une pêche au chalut?

— Qu'est-ce donc que cette pêche au chalut dont j'entends toujours parler depuis que je suis ici? demanda à M. Larive un de ses voisins de table d'hôte.

— Le chalut est un immense filet à grandes mailles qui se termine par des bourses formant pochettes. On voit souvent ces sortes de filets étendus sur le rivage ou accrochés sous les jetées. Le chalut s'attache au bateau de pêche, de manière à traîner au fond de la mer et à ramasser tout ce qui se trouve sur son passage.

— Cette pêche se fait de nuit, je crois? demanda Charles.

— Oui, les pêcheurs passent la nuit en mer. Ce n'est pas ça qui vous effrayerait, j'espère?

— Non, mais vous savez bien que nous partons demain à midi.

— C'est dommage.

Nous nous séparâmes de bonne heure ce soir-là; ma tante avait encore quelques préparatifs de départ à faire avant de se coucher.

SOLE

CHAPITRE XXIII

DE TROUVILLE A VILLERS

Départ de Trouville. — Bénerville. — Arrivée à Villers.

Mon oncle devait prendre le paquebot du Havre, entre onze heures et midi. Il commanda à déjeuner pour dix heures, et nous invita, Charles, M. Larive et moi, à déjeuner avec lui et sa famille. Il nous traita généreusement, et fit tous ses efforts pour exciter la gaieté de ses convives ; mais ce fut vainement. Pour ma part, je me sentais tout triste ; ma tante était visiblement préoccupée, et Juliette avait mal à la tête.

Nous étions encore à table, lorsqu'on vint avertir mon oncle qu'il était temps de se rendre au paquebot. Il passa au bureau pour régler son compte, et dès qu'il eut terminé avec la maîtresse d'hôtel, nous partîmes, car nous devions tous accompagner la famille de Lussac jusqu'au bateau et ne la quitter qu'à la dernière minute.

Un quart d'heure plus tard, ils étaient partis.

Quand les reverrai-je ? Mon oncle m'avait bien fait promettre d'aller lui rendre visite l'année suivante à Dunkerque, à moins d'impossibilité absolue, et j'avais même le secret espoir que notre séparation ne serait pas aussi longue; mais qui connaît l'avenir?

Je revenais tout pensif à l'hôtel. M. Larive et Charles causaient; moi, je ne leur avais pas adressé la parole depuis que nous avions quitté le bateau.

— Et nous, me dit Charles, quand partons-nous?

— Aujourd'hui même, à l'instant; le temps de donner ordre à la maîtresse d'hôtel d'expédier nos bagages à Bayeux, où nous les prendrons dans une huitaine de jours, au plus tard.

Cependant, comme il faisait très chaud, nous nous décidâmes à attendre, pour nous mettre en route, que la plus grande ardeur du soleil fût passée. Nous n'avions que seize kilomètres à parcourir pour nous rendre à Villers, où nous devions coucher.

Nous quittâmes Trouville vers quatre heures. Nous passâmes au-dessous du vieux Deauville et, après avoir ensuite gravi une colline, nous arrivâmes à Bénerville, petit village, habité uniquement par des pêcheurs, situé au pied du mont Canisy, dont nous apercevions depuis longtemps la modeste église. Nous descendîmes ensuite au hameau de la Mare; après quoi, suivant la route nouvelle, tracée entre la plage et la vallée, nous aperçûmes bientôt les falaises dites des Roches-Noires, et Villers nous apparut. Nous mîmes peu de temps à y arriver.

Notre premier soin fut de nous assurer des chambres à l'*Hôtel du Casino* et de nous informer de l'heure de la table d'hôte, car nous mourions de faim.

— Dans un quart d'heure, on va sonner la cloche, nous répondit le maître d'hôtel.

Enchantés de cette bonne nouvelle, nous nous hâtâmes d'aller réparer au plus vite le désordre de notre toilette. Nous étions à peine prêts, quand nous entendîmes, en effet, la cloche. Nous nous empres-

CHAPITRE XXIII

sâmes de nous rendre à son appel, et ce fut avec un véritable plaisir que nous nous mîmes à table; nous avions, on se le rappelle, déjeuné de bonne heure le matin.

Mais, lorsque nous eûmes à peu près satisfait le féroce appétit que nous avait donné la course que nous venions de faire, quand vint le moment où la causerie s'anime et devient générale, il me sembla que ce repas était bien triste auprès de ceux des derniers jours; mon oncle n'était plus là pour nous conter de joyeuses histoires; le franc rire de Juliette, si vraiment gai, si communicatif, me manquait. Quand l'entendrais-je, maintenant? Charles est peu causeur de sa nature, et puis, lui aussi semblait triste, ce soir-là. Pourquoi? il ne me fit pas part de ses impressions.

Après le dîner, mon ami me proposa d'aller faire une petite promenade au bord de la mer. Nous sortîmes, il faisait superbe; il y avait beaucoup de monde sur la plage, qui nous parut belle et commode. Mais nous étions fatigués, et nous ne restâmes pas longtemps dehors.

CRABES ET ÉPONGES

CHAPITRE XXIV

DE VILLERS A BEUZEVAL

Villers. — Sa situation. — Son église. — Son château. — De Villers à Houlgate. — Houlgate. — Les Vaches-Noires. — Beuzeval. — Son église.

Nous nous levâmes de bonne heure le lendemain, nous voulions visiter Villers, et dîner, le soir, à Houlgate.

Nous avions pu apprécier dès la veille le charmant village de Villers, mais, pour juger parfaitement sa pittoresque situation, on nous avait recommandé de monter au Belvédère.

Le Belvédère est un jardin situé sur un des coteaux qui dominent Villers, coteau sur lequel s'élèvent en amphithéâtre de délicieuses villas qui, en même temps qu'elles jouissent d'une vue magnifique, contribuent au charme du paysage.

Du Belvédère, on voit Villers dans son ensemble, et cet ensemble est vraiment ravissant.

D'ailleurs, à quelque point qu'on se place, on ne peut faire autrement que d'admirer la situation exceptionnelle de ce joli village.

« Vu du bord de la mer, le hameau de Villers, dominé par son église, est d'un effet délicieux; le contraste des plaines sablonneuses de l'Océan, avec les vertes collines qui s'élèvent en amphithéâtre derrière le village, donne au paysage quelque chose d'inattendu et de bizarre, que l'artiste reproduirait avec amour sur sa toile.

» Villers était, jadis, un des gros bourgs de la contrée; mais peu à peu, la mer ayant dévoré sa plage, les maisons reculèrent et s'entassèrent près de l'église. »

En descendant du Belvédère, nous nous rendîmes à l'église.

L'église de Villers a été en grande partie reconstruite avec les débris de l'église primitive. La nef, moderne, est décorée de beaux vitraux, on y voit un assez bon tableau représentant la Vierge au scapulaire; le chœur date du XIIIe siècle, et la tour carrée qui le précède, est terminée par une pyramide du XVIe siècle, sans colonnes ni ornementations. Une belle fenêtre à six baies et à meneaux entrelacés est percée au chevet.

En sortant de l'église, nous allâmes visiter le château. Un chemin que nous prîmes à gauche nous y conduisit. Le château de Villers est une magnifique résidence, style Louis XIII. Sous Louis XV, il fut la propriété du marquis de Brunoy, si célèbre pour ses excentricités et ses folles dépenses. Ce château est d'aspect monumental et pittoresque; on y accède par une belle avenue plantée d'épicéas gigantesques; situé à trois kilomètres de la mer, on y jouit d'un point de vue magnifique sur Villers et ses environs.

La visite de l'église et celle du château n'ayant pas occupé notre matinée tout entière, nous allâmes au Casino. Il est placé au bas de la falaise, dans un jardin; on y arrive par un chemin en pente douce. Il a coûté fort cher, près de 300,000 francs. Les constructions, longues de cent mètres, en sont élégantes et légères. Une terrasse le précède, de cette terrasse on domine la mer. On descend, par un

VILLERS-SUR-MER

CHAPITRE XXIV

escalier à double rampe, aux cabines de bains; de là, on peut assister commodément aux exploits et aux jeux des nageurs et baigneurs, chose toujours amusante pour les personnes qui n'ont rien de mieux à faire.

Nous passâmes une demi-heure à peu près sur cette terrasse. Nous rentrâmes pour déjeuner, et dès que nous eûmes soldé notre compte, nous reprîmes notre bâton de voyage. Nous traversâmes le village et nous rendîmes près de l'église. Nous gravîmes ensuite une côte assez raide qui nous conduisit à une briqueterie, à gauche de laquelle, d'après les renseignements qu'on nous avait donnés, nous prîmes un joli chemin, bien ombragé, qui passe près du manoir d'Auberville et de sa vieille église abandonnée. Arrivés à Auberville, nous commençâmes à descendre, et nous trouvâmes dans la délicieuse vallée du Douhet-Drochon. Nous aperçûmes, sur notre gauche, un château de style Renaissance, qui nous parut fort beau et que nous nous promîmes bien de visiter plus tard. C'était le château de M. Lecesne, château qui passe pour une des merveilles du pays; après quoi, nous descendîmes encore quelque temps, puis, ayant monté une petite côte, nous arrivâmes à Houlgate.

Houlgate n'était, il n'y a pas encore longtemps, qu'un modeste village de pêcheurs; aujourd'hui, ce village est devenu, grâce à sa belle situation et à l'intelligence de ses propriétaires, une des plages les plus et les mieux fréquentées de la côte normande.

On peut dire que cette plage fut fondée en 1859 par M. Jouvet, qui la dota d'un grand hôtel et s'y fit construire une habitation. Son exemple fut suivi, de nombreuses villas s'élevèrent bientôt dans le voisinage de la sienne. Ces villas, isolées et coquettement construites, presque toutes entourées de jardins anglais, donnèrent au pays un gracieux aspect; des allées bordées d'ormes, plantées sur le versant du coteau, servent de promenade aux habitants. On a beaucoup construit, sur la plage, depuis quelques années; presque toutes les maisons nouvelles affectent la forme de chalets.

C'est presqu'en face de la plage d'Houlgate que se trouve le banc de rochers connu sous le nom de Vaches-Noires.

« Les Vaches-Noires sont des rochers composés de pierres, de coquillages et de terre glaise, finissant en falaises abruptes, battues par les flots, à presque toutes les marées, et produisant des pétrifications parfois très curieuses, attirant de nombreux touristes. Ils ne peuvent être parcourus et visités qu'à la marée descendante. De loin, sur la plage, ou en mer, on croirait voir une série infinie d'églises gothiques, rangées pour une exposition et présentant leur chevet. »

Je demandai dans le pays d'où venait le nom de Vaches-Noires donné à ces rochers, on ne put m'en indiquer l'origine.

Houlgate est un charmant séjour; le baigneur y passe d'agréables saisons, le peintre s'y installe volontiers, mais le voyageur y passe, car, au bout de quelques heures, il connaît le pays. Houlgate n'a que sa plage, seulement cette plage est magnifique, le sable y est doux et fin, et les bains s'y prennent très commodément.

Le Casino, placé sur la plage d'Houlgate, et qui sert en même temps à Beuzeval, a été reconstruit avec goût; il est très luxueux.

Mais si les deux stations voisines ont un Casino commun, elles ont chacune leur établissement de bains, également bien situé et bien installé.

Houlgate ne possède aucun monument. L'église moderne, construite dans le style roman, n'offre aucun intérêt artistique.

Nous n'avions pas l'intention de séjourner à Houlgate, nous continuâmes donc notre route après avoir passé une demi-heure seulement assis sur la plage.

Pour nous rendre d'Houlgate à Beuzeval, nous suivîmes une belle route, tracée sur le bord de la mer, et toute bordée de chalets, de

BEUZEVAL-HOULGATE

villas, et même de châteaux modernes qui se succèdent sans interruption. Nous passâmes ainsi d'un village dans l'autre sans nous en apercevoir.

« Houlgate et Beuzeval ne font qu'un, pour ainsi dire, si ce n'est qu'Houlgate représente la vie de château, et Beuzeval la vie de famille, le faubourg Saint-Honoré et l'île Saint-Louis. »

Arrivés à Beuzeval vers cinq heures, nous profitâmes du temps qui

LES VACHES-NOIRES

nous restait avant l'heure du dîner pour aller visiter l'église, le seul monument que nous eussions à y voir. Cette église moderne est assez vaste et a été construite dans le style gothique. Une seule chose y attire l'attention, c'est une statue de saint Aubin, datant du xve siècle.

Nous passâmes la soirée sur la plage. Le temps menaçait, il y avait peu de monde dehors. Nous rentrâmes à neuf heures.

Le lendemain, dès sept heures, nous étions dehors. La mer était haute et fort belle, nous voulûmes en profiter pour prendre un bain;

nous nous rendîmes à l'établissement. Les bains de Beuzeval sont véritablement fort bien organisés. Les cabines, d'où l'on jouit d'une vue magnifique, sont rangées le long du quai au-dessous d'une petite terrasse, munie d'une tente.

En sortant du bain, nous allâmes visiter l'église du vieux Beuzeval. Le vieux Beuzeval est situé sur le versant d'un des coteaux boisés qui bordent la vallée du Douhet-Drochon. Son église, pittoresquement posée, date en grande partie du XIIe siècle, mais elle a été remaniée au XVe. Son portail est vraiment remarquable. Je ne pus résister au désir de la dessiner. Charles s'assit à côté de moi, et, pendant qu'il se livrait aux douceurs du farniente, peut-être même à celles du sommeil, je pris sur mon album un croquis de la vieille église et du ravissant paysage qui l'environne. Quand je l'eus achevé, je réveillai mon ami, et nous regagnâmes tranquillement Beuzeval, enchantés de notre promenade matinale.

ÉGLISE D'HOULGATE

CHAPITRE XXV

DIVES

Son passé. — Sa situation. — L'hôtel de Guillaume-le-Conquérant. — L'église Notre-Dame. — La butte Caumont. — Le château de M. Foucher de Careil. — Arrivée à Cabourg.

Aussitôt après le déjeuner, nous nous remîmes en route, nous voulions visiter Dives dans la journée et coucher à Cabourg.

Nous passâmes devant l'*Hôtel de Notre-Dame de la Mer*, traversâmes l'ancien mauvais pas, ce qui est facile aujourd'hui qu'on a construit à cette place une fort belle route, et, après avoir passé devant la caserne des douaniers, nous arrivâmes au petit port de Dives.

Hélas ! on a peine à s'imaginer que ce fut de ce port qu'en 1066 Guillaume le Bâtard s'embarqua pour aller conquérir l'Angleterre. A peine y voit-on aujourd'hui quelques barques de pêche.

Une belle avenue, bordée de prairies, de villas et de chalets, nous conduisit du port à Dives.

Dives est une petite ville située à l'embouchure et sur la rive droite de la rivière du même nom. Elle est triste et mal bâtie, mais ses monuments sont curieux, et les souvenirs historiques qui s'y rattachent la rendent très intéressante.

La mer, en se retirant jusqu'à Cabourg, de 1790 à 1810, a emporté avec elle la fortune de Dives.

Arrivés à l'*Hôtel de Guillaume-le-Conquérant*, nous nous y arrêtâmes, sous prétexte de nous rafraîchir, mais surtout dans l'intention de visiter l'*hostellerie*, dont quelques parties remontent au XVIe siècle, et les meubles anciens et curieux qui y sont conservés. On nous y montra un fauteuil, orné de belles sculptures et très bien conservé.

— Ce fauteuil vient, nous dit-on, de la chambre que Mme de Sévigné occupait à Dives.

J'avoue que je le considérai avec un véritable respect.

Ces sortes de reliques de personnes dont j'ai admiré toute ma vie le talent et le caractère ont pour moi un attrait tout particulier.

Quand on me dit : « Ce fauteuil est celui de Mme de Sévigné, » j'oubliai un instant où j'étais; les objets indifférents qui m'entouraient disparurent, ainsi que les personnes; je ne vis plus que la spirituelle marquise enfoncée dans ce fauteuil, les yeux fermés et songeant à la fille aimée pour qui elle écrivit avec son cœur les lettres charmantes que tous et toutes aiment tant à relire.

Il fallut que Charles me rappelât que je n'étais pas seul, que notre hôte et lui m'attendaient, et qu'il était temps de m'arracher à ma rêverie.

En sortant de l'auberge de *Guillaume-le-Conquérant*, nous prîmes la Grande-Rue et nous nous dirigeâmes vers l'église. Avant d'y entrer, nous examinâmes attentivement sa tour bâtie en forme de donjon.

CHAPITRE XXV

L'église Notre-Dame de Dives appartient surtout aux XIVe et XVe siècles; quelques parties cependant remontent au XIe. Ces différences de style s'expliquent d'ailleurs facilement. Elle fut fondée par Robert Ier, père de Guillaume le Conquérant; mais, détruite par Édouard III d'Angleterre en 1346, elle dut être reconstruite.

FLOTTE DE GUILLAUME LE CONQUÉRANT

Cette église se compose d'une nef, de deux bas-côtés, et de deux transepts inégaux. La porte orientale est ornée de feuillages; au-dessus de la grande porte, à l'intérieur, sont des tables sur lesquelles on a gravé les noms des principaux guerriers partis du port de Dives avec Guillaume le Conquérant. Dans le transept nord, une toile grossière attira notre attention; elle représente deux barques et deux pêcheurs retirant leurs filets ; d'un côté est un Christ, et de l'autre une croix.

— Pourquoi ce tableau, sans valeur, reste-t-il ici? demandai-je au sacristain qui nous montrait l'église.

— Parce qu'il rappelle la légende.

— Quelle légende?

— Vous ne la connaissez pas, Monsieur?

— Non. Dites-la-moi.

— Je le veux bien. Des pêcheurs de Dives, ayant retiré leurs filets, y trouvèrent un grand Christ; ils le prirent avec respect et l'apportèrent à l'église.

» On fit faire une belle croix, afin de placer dessus le Christ miraculeux, mais elle ne se trouva pas de dimension.

» On en recommença une seconde, puis une troisième et d'autres encore; chaque fois les mesures étaient prises avec le soin le plus scrupuleux, et pourtant elle était toujours ou trop grande ou trop petite; on y dut renoncer.

» A quelque temps de là, les mêmes pêcheurs trouvèrent, un jour, dans leurs filets, une croix qui s'adaptait parfaitement au Christ qu'ils avaient trouvé.

— Je comprends maintenant le sens de ce tableau.

Nous avions achevé de visiter l'église. En étant sortis, nous nous rendîmes à la caserne de gendarmerie. Cette caserne est une ancienne abbaye du xve siècle. Nous fîmes demander au capitaine la permission de voir trois magnifiques cheminées, dont l'une surtout est fort curieuse. Il voulut nous recevoir, et nous les montra avec une bonne grâce dont nous lui fûmes vraiment très reconnaissants.

Nous donnâmes, en sortant de la caserne, un coup d'œil à quelques maisons des xvie et xviie siècles, puis nous allâmes voir les anciennes halles. Ces halles sont en bois ; une partie remonte au moyen âge, l'autre est du XVIe siècle.

Nous avions fini de visiter Dives ; mais avant d'en partir, nous voulions faire une excursion qu'un de mes amis m'avait particulièrement recommandée : c'était celle de la butte Caumont.

La butte Caumont est une colline, située à l'est de Dives, colline que couronne le château moderne de M. Foucher de Careil, et où se trouve un monument commémoratif, érigé par M. Caumont, et à ses frais, en 1861, à la mémoire de Guillaume le Conquérant. Ce monument, composé d'un monolithe cylindrique, élevé sur une base quadrangulaire, est l'œuvre de M. Bastard ; il est situé sur le bord de la falaise, à l'endroit même où Guillaume donna le signal du départ. Il porte cette inscription :

<blockquote>
AU SOUVENIR
DU PLUS GRAND ÉVÉNEMENT
HISTORIQUE DES ANNALES NORMANDES :
LE DÉPART DU DUC GUILLAUME LE BATARD
POUR LA CONQUÊTE DE L'ANGLETERRE,
EN 1066.

PENDANT UN MOIS
LA FLOTTE DE GUILLAUME
STATIONNA DANS LE PORT DE DIVES,
ET SON ARMÉE,
COMPOSÉE DE CINQUANTE MILLE HOMMES,
CAMPA DANS LE VOISINAGE
AVANT DE METTRE
A LA VOILE.
</blockquote>

Lorsque, après avoir lu cette inscription, nous nous retournâmes, un même cri d'admiration nous échappa. Un magnifique panorama se déroulait devant nos yeux ; il s'étendait, à perte de vue, sur la mer, Cabourg et la vallée d'Auge. Au nord, nous apercevions le Havre et ses jetées ; au sud-est, le prieuré de Plessis-Grimault ; au sud, la jolie église de Guibray ; à nos pieds étaient Dives, Beuzeval, Houlgate et les belles prairies que borde la Dives près de son embouchure.

Je ne sais quelle impression ce spectacle, à la fois gracieux et grandiose, produisit sur Charles, pour moi je fus ravi.

— Ah ! me disais-je, en suivant, côte à côte avec mon ami, le chemin qui devait nous conduire, en quelques instants, au château de M. Foucher de Careil, qu'ils ont raison ceux qui, à l'exemple de nos pères, construisent leur nid sur la hauteur ! il me semble que l'âme de l'homme s'élève à mesure qu'il monte. Vus de cette colline, les villages sont tous propres et coquets ; les prairies toutes fraîches et verdoyantes ; dans ces villages, pourtant, il est de pauvres chaumières ; il est, dans ces vertes prairies, des places que le soleil a brûlées ; l'éloignement est un mirage. Vu de loin, l'homme peut paraître bon.

Je me disais tout cela, me gardant bien de communiquer à Charles des pensées qu'il n'eût pas comprises. Si Juliette eût été là... oh ! alors !.... Mais elle n'y était pas.

Arrivés près du château de M. Foucher de Careil, château moderne qui n'a rien de bien remarquable, si ce n'est sa situation, nous nous arrêtâmes pour nous reposer quelques instants et jouir d'un panorama, le même à peu près, mais plus étendu encore, et par conséquent encore plus magnifique que celui que nous avions tant admiré, quelques instants auparavant, du pied de la colonne de Guillaume le Conquérant.

Nous n'étions pas pressés, ayant plusieurs heures devant nous pour arriver à Cabourg avant le dîner. Enfin nous redescendîmes. Nous ne passâmes à Dives que le temps de prendre nos bagages.

CHAPITRE XXV

Sortant du village, nous suivîmes une belle avenue d'arbres qui sépare deux herbages, traversâmes le canal et la Dives et arrivâmes bientôt au vieux Cabourg, village situé à quelque distance de la mer, dont nous admirâmes en passant la jolie église, que malheureusement nous ne pûmes visiter, car nous la trouvâmes fermée et ne sûmes à qui nous adresser pour y pénétrer.

Une avenue bien plantée, qu'on nous indiqua à droite de la route, nous conduisit directement sur la plage du nouveau Cabourg ou de Cabourg-les-Bains.

PORT DE DIVES

CHAPITRE XXVI

CABOURG

La plage et la terrasse. — Pêche à la ligne dans la Dives.
Les équilles. — L'église de Cabourg.

Le nouveau Cabourg est un joli village, bâti à l'embouchure de la Dives, sur le rivage de la Manche. Il s'élève en forme d'éventail, tout à côté de l'ancien Cabourg, mais plus près de la mer, à laquelle on accède par de larges voies, bordées de villas délicieuses, que bien des personnes préfèrent à celles de la plage; car, si elles n'ont pas une vue aussi magnifique, elles sont, par leur position, abritées des vents de mer, si préjudiciables à la végétation; leurs jardins offrent de magnifiques ombrages, et l'on y peut cultiver avec succès les fleurs les plus variées.

La plage de Cabourg est superbe. Longue de sept à huit kilomètres, elle est couverte d'un sable fin et uni. On y chercherait vainement un galet.

Au-dessus de la plage est une superbe terrasse, bordée de splendides villas et de belles boutiques. Cette terrasse, sur laquelle s'élève le Casino, est la promenade favorite des baigneurs de Cabourg. C'est là que s'étalent les toilettes, plus ou moins riches, plus ou moins voyantes et tapageuses, des élégantes baigneuses. Cabourg est l'émule de Trouville pour le luxe et aussi pour l'excentricité, aussi ne veut-il rien avoir à lui envier, pas même ses courses de chevaux, car, lui aussi, a son hippodrome et ses courses annuelles.

Nous étions arrivés à Cabourg pour dîner; en sortant de table, nous nous rendîmes sur la terrasse. Il n'y avait encore personne; peu à peu, les baigneurs arrivèrent; bientôt Cabourg tout entier s'y trouva réuni. Nous restâmes jusqu'à onze heures sur cette magnifique promenade, éclairée au gaz dans toute sa longueur. Quand nos regards se détournaient de la mer, il nous semblait être à Paris, en plein boulevard des Italiens. L'illusion était-elle bien agréable? Pour quelques heures peut-être. Or, nous ne devions passer qu'une soirée à Cabourg.

Le lendemain, de bonne heure, comme nous déjeunions sur la terrasse de l'hôtel, nous en vîmes sortir une société nombreuse, composée de presque tous les messieurs avec lesquels nous avions dîné, la veille, à table d'hôte.

Ils s'assirent sur un banc, près de nous.

— M. Verseuil est toujours en retard, dit l'un d'eux; il était bien convenu pourtant que nous partions à huit heures, et voilà qu'il en est huit et demie.

— Allez donc le réveiller, Monsieur Dupont.

— Vous avez raison; nous ne pouvons l'attendre indéfiniment. Je monte à sa chambre et lui donne un quart d'heure pour s'habiller, pas une minute de plus.

Le monsieur qui avait parlé le dernier rentra dans la maison.

— Le temps est très favorable aujourd'hui, fit observer quelqu'un; je suis sûr que nous ferons une pêche merveilleuse.

CHAPITRE XXVI

Au mot de pêche, Charles avait fait un mouvement.

— Voilà qui t'émeut, lui dis-je.

Et me tournant vers un des pêcheurs, avec lequel j'avais, la veille au soir, échangé quelques mots :

VALLÉE D'AUGE

— Cabourg est-il donc un pays bien favorable à la pêche? lui demandai-je.

— Très favorable, me répondit-il. Mais, ajouta-t-il, vous n'avez donc jamais pêché dans la Dives?

— Jamais. Je viens à Cabourg pour la première fois et ne connais pas le pays.

— A la marée montante, le poisson est ordinairement très abondant. Vous aimez la pêche, Monsieur?

— A l'occasion, quoique je ne sois pas un pêcheur enragé comme mon ami, ajoutai-je en regardant Charles.

— Pourquoi ne viendriez-vous pas tous deux avec nous. Nous indiquerions à Monsieur votre ami les endroits les plus favorables pour prendre du poisson, même quand il est rare; aujourd'hui il ne le sera pas.

— Mon ami ne saurait profiter de vos leçons, car nous partons d'ici aujourd'hui même. Mais nous avions l'intention de faire, ce matin, une promenade dans la vallée d'Auge; si vous le permettez, nous suivrons le même chemin que vous, et nous pourrons nous arrêter quelque temps à vous regarder pêcher.

— J'ai des lignes dans ma valise, je monte les chercher, dit Charles; pendant que nous y serons, nous pourrons bien voir si le poisson veut mordre.

— Va chercher tes lignes.

Nous accompagnâmes, en effet, les pêcheurs. Nous vîmes un fort beau pays, et fîmes une pêche miraculeuse.

Au retour, nos nouveaux amis voulurent absolument nous faire déjeuner avec eux; il nous fallut bien accepter.

Ils nous vantèrent beaucoup Cabourg.

— On ne s'y ennuie jamais, me dit l'un d'eux.

— Non, lui répondis-je, quand on aime le monde. Le Casino est, dit-on, très fréquenté.

— Je déteste le monde, moi, et ne vais pas au Casino; je n'aime que la nature et les plaisirs tranquilles, et pourtant je me plais beaucoup ici.

— Qu'y faites-vous donc?

— Je me promène aux environs de Cabourg et je pêche dans

CHAPITRE XXVI

la Dives et aussi dans la Divette, autre petite rivière également très poissonneuse ; je joue quelquefois au croquet....

— Que cherchent donc ces enfants? dis-je à mon interlocuteur, comme il cherchait un instant ce qu'il avait encore à ajouter à l'énumération de ses plaisirs.

Je lui montrais une quantité d'enfants, répandus sur les sables, agenouillés et penchés vers la terre,

— Ils font la pêche aux équilles, me répondit-il.

— Qu'est-ce que les équilles!

— Les équilles ou annélides sont de petits poissons longs, minces et plats, qui, lorsque la mer se retire, s'enfoncent dans le sable pour y chercher des vers. Après le déjeuner, si cela vous fait plaisir, nous irons où sont ces enfants, et je vous les montrerai vivants. En attendant, vous allez les voir frits, et juger de leur valeur culinaire ; car voici qu'on nous en apporte.

On mettait, au même instant, sur la table, une énorme et fort appétissante friture d'équilles. Je ne fis pas de façons pour avouer que ce poisson, à peu près inconnu à Paris, vu qu'il se transporte difficilement, est véritablement excellent.

Après le déjeuner, Charles et moi nous prîmes congé de nos amis d'un jour, qui partaient en promenade, et, avant de quitter Cabourg, nous allâmes visiter l'église, qui, d'ailleurs, n'est pas curieuse. Elle fut bâtie, en 1848, et construite dans le style du XIV⁰ siècle. Les fonts baptismaux seuls méritent, par leur date, de fixer l'attention des voyageurs ; ils sont du XII⁰ siècle.

N'ayant plus rien à faire à Cabourg, et désirant rattraper autant que possible le temps que nous avions, non pas perdu, mais si agréablement passé à Trouville, nous nous remîmes en route vers trois heures.

CHAPITRE XXVII

DE CABOURG A LION-SUR-MER

Le Home-Varaville. — L'embouchure de l'Orne. — Ouistreham. Lion-sur-Mer.

Nous suivîmes le bord de la plage et arrivâmes en peu de temps au Home-Varaville. Le Home est un ensemble d'assez jolies villas, éparses dans les dunes. On y trouve un petit établissement pour les bains de mer et un hôtel, où nous nous arrêtâmes pour dîner et coucher, car il était trop tard pour que nous songions à aller plus loin ce jour-là. Pour vivre quelque temps au Home-Varaville, il faut aimer le calme et la vie de famille; mais les personnes qui ont des goûts simples et qui ne craignent pas la solitude, ne peuvent manquer de s'y plaire. Sa plage est immense et fort belle. Le sable y est fin et uni comme celui de Cabourg. Il suffirait que quelque personne connue, un homme politique, un littérateur, un artiste, la prît sous sa protection pour que cette plage naissante devînt en quelques années une station balnéaire à la mode. Beaucoup sont aujourd'hui très fréquentées, qui sont loin d'offrir les mêmes avantages.

Dès le lendemain matin, nous reprîmes notre course; pendant plusieurs lieues, nous ne rencontrâmes que des plages sablonneuses et peu pittoresques. Vers midi, nous nous trouvâmes à l'embouchure de l'Orne. Ce cours d'eau, le plus important du département du Calvados, passe à Caen et met cette ville en rapport direct avec la mer au moyen d'un canal, sur une longueur de seize kilomètres.

Traversant les villages de Merville, Sallenelles et Amfreville, nous arrivâmes près d'un pont, sur lequel nous traversâmes l'Orne; nous suivîmes alors la rive gauche de ce fleuve, jusqu'à Ouistreham.

Là, nous commençâmes par déjeuner, après quoi nous nous rendîmes au port.

Ouistreham est un ancien port dont le nom vient du saxon Westerham, village de l'ouest; il est, en effet, situé sur la rive occidentale de l'Orne.

C'est à Ouistreham que vient déboucher le canal de Caen à la mer, par une écluse dont le sas a une longueur de cent mètres. Son port se compose d'un avant-port que protègent deux jetées, d'un port d'échouage et de bassins de chasse. Il est signalé par quatre feux. Le mouvement des navires y est assez considérable.

Ouistreham possède une église curieuse, que nous ne manquâmes pas d'aller visiter. Cette église appartient au style roman de transition, elle se compose d'un chœur avec abside circulaire, sur laquelle s'élève une tour quadrangulaire, et d'une nef avec transept.

De Ouistreham, nous nous dirigeâmes vers Lion-sur-Mer. La plage de Lion est belle et commode pour les bains, aussi est-elle très fréquentée. Quand nous y arrivâmes, elle était couverte de

CHASSE AUX OISEAUX DE MER

monde; mais ce qui nous frappa tout d'abord, c'est combien ce monde était différent de celui que nous avions étudié la veille sur la plage de Cabourg. A Lion, pas de toilettes tapageuses, mais des costumes simples et commodes, avec lesquels on peut aller partout et que l'on garde toute la journée. On ne vient pas à Lion-sur-Mer pour poser, mais seulement pour respirer l'air de la mer, prendre de l'exercice et surtout des bains.

Quels sont les plus sages et les plus heureux, des baigneurs de Cabourg ou de ceux de Lion? Je laisse au lecteur le soin de décider la question, suivant ses impressions personnelles; pour moi, je le confesse, les bourgeois baigneurs de Lion ont mes sympathies et ma préférence.

L'aspect du village de Lion n'est pas désagréable, quoiqu'il soit assez mal bâti; cela, on ignore pourquoi, car la plupart des maisons sont neuves, et leurs propriétaires eussent pu, sans grande dépense, élever d'élégants chalets à la place des massives maisons qu'ils ont fait construire.

Quant à l'église, située dans le bas Lion, elle semble très ancienne. Ses murs, en grande partie construits en arête de poisson, sont, d'après les archéologues, la preuve de sa grande antiquité. Sa tour romane ainsi que sa nef sont du XIe siècle, son chœur ne remonte qu'au XIVe; on y remarque quelques parties modernes.

En sortant de l'église, nous montâmes dans le haut Lion; c'est là que se trouve le château, un beau monument du style Renaissance, au moins pour la plus grande partie.

Nous avions eu l'intention de continuer, ce jour-là, notre voyage jusqu'à Luc; mais, en redescendant du château, nous étions si fatigués, que nous résolûmes de coucher à Lion; nous nous rendîmes donc à l'hôtel. Nous dînâmes, et aussitôt après, nous allâmes nous coucher.

Le lendemain matin, je dois l'avouer à notre honte, nous demeurâmes au lit beaucoup plus tard que d'habitude. En ouvrant ma fenêtre qui donnait sur la plage, je m'aperçus que la mer était haute, je me rendis aussitôt chez Charles et lui proposai d'aller prendre un bain ; il accepta, et ainsi nous restâmes à Lion jusqu'au déjeuner.

En sortant de table, nous nous remîmes en route et, suivant toujours le rivage, nous nous acheminâmes vers Luc.

Nous apercevions depuis quelque temps déjà, à peu de distance de la côte, des roches plates, formant une chaîne non interrompue qui semblait se prolonger fort loin :

— Je crois, dis-je à Charles, que voici le commencement des rochers du Calvados.

Je m'informai auprès d'un marin qui passait justement près de nous.

Je ne me trompais pas.

En fort peu de temps, nous fûmes à Luc. Nous devions y passer le reste de la journée, car nous voulions aller, le lendemain matin, à Notre-Dame de la Délivrande.

HARENG

CHAPITRE XXVIII

LUC-SUR-MER

Une rencontre. — Les bains de Luc.

Il était deux heures, à peine, quand nous arrivâmes à Luc.

Luc-sur-Mer est un petit port de pêche dont la modeste flottille se compose de vingt bateaux ; sa plage, dont le sable peut rivaliser avec celui de Trouville, est fort belle. A droite, sont de petites falaises où le flot a creusé des grottes vraiment pittoresques. Une belle rue plantée d'arbres, la rue de la Mer, relie la plage de Luc au village.

Nous n'avions à visiter à Luc que l'église, nous nous y rendîmes.

Cette église a été reconstruite, de 1873 à 1877, dans le style roman, qui était son style primitif. On a pu conserver, de l'ancienne église, le porche et le clocher.

Ce clocher est très bizarre, roman jusqu'à moitié de sa hauteur, ogival dans sa partie supérieure ; la plate-forme crénelée qui le couronne est de construction moderne.

Luc a amplement profité de la vogue toujours croissante des bains de mer. Ce petit pays, autrefois presque exclusivement fréquenté par les Cannais, désireux de passer quelques semaines sur le bord de la mer pour y prendre des bains, reçoit maintenant, chaque été, de nombreux étrangers. Le chemin de fer de Caen à Courseulles, en rapprochant de Paris les stations du Calvados, a concouru à augmenter, dans une proportion considérable, le nombre des baigneurs de Luc. Quantité de chalets et de villas s'élèvent maintenant sur sa plage. La plus belle de ces dernières est celle qu'y fit construire, il y a une vingtaine d'années, alors que cette plage était bien moins importante qu'elle ne l'est aujourd'hui, un grand négociant de Paris. Elle est bâtie, en pierre et en brique, dans le style Louis XIII, et mérite vraiment, par ses proportions et la richesse de son architecture, le nom de château Larivière, sous lequel on le désigne dans le pays.

Nous n'étions pas depuis deux heures à Luc, que nous nous demandions vainement ce que nous pourrions y voir et par conséquent y faire pendant toute la journée, quand Charles aperçut, sur la plage, un ami de sa famille. Il l'aborda.

Ce Monsieur semblant fort surpris de le rencontrer à Luc, Charles lui expliqua comment il avait entrepris de visiter, presque toujours à pied, les côtes de France, et lui présenta tout naturellement son compagnon de voyage.

M. Favrel apprit à son tour à Charles qu'il habitait Luc depuis le commencement des vacances.

Ce Monsieur, employé au ministère des finances et dont la famille est nombreuse, avait profité d'un congé d'un mois, que lui avait accordé l'administration, pour venir passer ce temps à Luc. Les bains de mer étaient ordonnés à l'un de ses enfants, petit garçon de cinq ans, dont la santé, très délicate, lui donnait quelques inquié-

LES PETITS PÊCHEURS

CHAPITRE XXVIII

tudes, et le médecin, nous dit son père, avait tout particulièrement recommandé pour lui les bains de mer de Luc.

— Pourriez-vous me dire la cause de cette recommandation, Monsieur? ne pus-je m'empêcher de demander à M. Favrel.

— C'est que l'eau de mer est ici beaucoup plus salée et, par conséquent, plus fortifiante que dans beaucoup de stations balnéaires où elle est mêlée d'eau douce dans de notables proportions, et qu'aussi l'air de Luc est très chargé d'iode.

— Et comment votre petit malade se trouve-t-il de son traitement?

— Regardez-le.

Un petit garçon accourait vers nous.

— Viens, papa, criait-il, maman veut faire une partie de croquet.

— C'est pour cet enfant que vous êtes ici? fis-je étonné, en m'adressant à M. Favrel.

Le teint basané du petit garçon, la coloration de ses joues, l'animation de son regard, tout chez lui annonçait la santé.

— Oui, me répondit son père, si vous l'aviez vu il y a un mois, pâle, chétif, souffreteux, vous ne le reconnaîtriez pas aujourd'hui. Jamais cet enfant n'avait eu d'appétit, il mange maintenant autant que ses frères, et, comme vous le voyez, cela lui profite. Jamais il n'avait partagé les jeux de ses petits camarades, et semblait n'en pas avoir la force; maintenant, il court du matin au soir sur la grève sans jamais se fatiguer. Vous comprenez si nous nous félicitons, sa mère et moi, d'avoir suivi l'ordonnance du docteur.

— Vous reviendrez à Luc, je n'en doute pas.

— Je le crois.

L'enfant était retourné vers sa mère; M. Favrel, tout en causant, s'était dirigé vers une des cabines installées sur la plage; c'était vers cette même cabine qu'était allé le petit garçon.

Dans cette cabine, une jeune femme travaillait; devant elle, plusieurs enfants, garçonnets et fillettes, assis dans le sable, construisaient des forteresses, pendant que leurs frères et sœurs, de tempérament moins tranquille, couraient sur la grève en poussant des cris joyeux.

En apercevant Charles, la jeune femme eut un mouvement de surprise.

— M. Dupré? dit-elle, ici!

— Oui, ma chère, lui répondit son mari, Charles Dupré qui n'a que quelques heures à passer à Luc, et M. de Lussac, son ami, qui fait avec lui son tour de France, ajouta-t-il en souriant.

Mme Favrel, après nous avoir gracieusement salués tous deux, demanda à Charles des nouvelles de sa famille.

— Mon ami, dit-elle ensuite à son mari, je te croyais seul, c'est pourquoi j'avais envoyé Georges te chercher.

— Qu'avez-vous à faire pour l'instant, Messieurs? nous demanda M. Favrel.

— Rien, répondîmes-nous tous deux à la fois.

— Eh bien, alors, vous voudrez bien faire une partie de croquet avec nous.

— Je ne demande pas mieux, dit Charles.

— Volontiers, fis-je à mon tour.

— Mais, avant de commencer, il faut que tu me dises une chose.... Ces Messieurs dînent avec nous, n'est-ce pas? demanda Mme Favrel à son mari.

— J'y compte bien.... Vous ne sauriez refuser, Messieurs, de partager notre modeste dîner de famille.

Il nous fallut nécessairement accepter une invitation si cordialement faite.

CHAPITRE XXVIII

Mme Favrel rentra chez elle pour donner quelques ordres, mais elle nous rejoignit bientôt.

Nous passâmes la fin de la journée à jouer au croquet avec M. et Mme Favrel et deux ou trois personnes de leurs amies, sur le beau sable de la plage. Après quoi, nous rentrâmes chez M. Favrel, où notre charmante hôtesse avait eu soin de nous faire préparer un excellent dîner.

Nous passâmes ensuite sur la plage une soirée délicieuse que nous prolongeâmes même assez tard, car le temps était beau et chaud. D'ailleurs, dès que l'humidité avait commencé à tomber, nous nous étions mis à l'abri sous la cabine où nous avions, dans la journée, trouvé Mme Favrel. De là nous pouvions voir passer les promeneurs, en respirant la brise marine, sans crainte d'attraper un rhume ou bien un mal de gorge.

Nous nous séparâmes vers onze heures. M. Favrel nous donna rendez-vous pour le lendemain matin, il devait nous accompagner à la Délivrande.

CHAPITRE XXIX

LA DÉLIVRANDE

Origine et histoire de la chapelle.

Avant de rendre compte au lecteur de notre visite à la Délivrande, je crois utile d'indiquer ici l'origine du pèlerinage qui a rendu si célèbre ce petit hameau de Normandie, devenu aujourd'hui une véritable ville, et d'exposer brièvement l'histoire de l'antique chapelle de Notre-Dame de la Délivrande.

Le village de la Délivrande, jadis une des sept baronnies formant la mense épiscopale des évêques de Bayeux, est un simple bourg dépendant de Douvres. Mais il a pris dans les derniers temps un tel accroissement, qu'il forme aujourd'hui la partie la plus importante de la commune, dont Douvres est le chef-lieu de canton, commune qui relève du diocèse de Bayeux.

La prospérité de la Délivrande est due à l'affluence considérable des pèlerins qui s'y rendent chaque année, car la chapelle de Notre-Dame de la Délivrande, dédiée à la sainte Vierge dont elle renferme une statue miraculeuse, est célèbre dans toute la France et même à l'étranger.

L'origine de cette chapelle remonte fort loin. La tradition en attribue la fondation à saint Rigobert, évêque de Bayeux. Rigobert, qui était de race royale, avait été converti à la religion chrétienne par saint Exupère, qui occupait alors le siège épiscopal de Bayeux. A la mort de ce dernier, Rigobert lui succéda. C'est pendant son épiscopat, qui dura, dit-on, quatre-vingt-dix ans, qu'il aurait bâti la chapelle de la Délivrande ; ce serait donc entre l'an 78 et l'an 168.

Au IX° siècle, la chapelle de saint Rigobert fut détruite et livrée aux flammes par les Normands.

Deux cents ans plus tard, elle fut réédifiée par les soins de Baudouin, comte de Bessin. Voici comment un historien du pèlerinage raconte les faits qui provoquèrent et accompagnèrent cette réédification.

« En ce temps ici, dit Fossard, religieux de l'ordre de Saint-François, vivait un seigneur nommé Baudouin, comte de Bessin, qui se tenait en sa baronnie de Douvres, de l'évêché de Bayeux : le berger duquel seigneur aperçoit que l'un de ses moutons par plusieurs fois se retirait du troupeau et courait en un lieu auprès de la pâture ; là de pieds et de cornes frappait et fouillait la terre, puis, étant las, il se couchait à la place même où de présent est la niche de l'image de la Vierge en la chapelle de la Délivrande. Ce mouton ne prenait aucune nourriture, et était néanmoins le plus gras de la bergerie. Le comte, croyant que ce lui était un avertissement envoyé du Ciel, se transporta sur le lieu, accompagné de sa noblesse et d'un saint ermite, avec le peuple qui y courut des lieux circonvoisins : il commanda de parachever la fosse que le mouton avait commencée. On y trouva l'image de Notre-Dame ; il y a, à présent, plus de huit cents ans. Cette image fut portée en procession solennelle, avec une commune allégresse de tout le

PÊCHEURS NORMANDS

CHAPITRE XXIX

peuple dans l'église de Douvres ; mais tôt après elle fut rapportée, par le ministère d'un ange, au lieu même où elle fut trouvée. Dieu montra, par ce transport et invention miraculeuse, qu'il avait choisi ce lieu plus particulièrement pour son service et pour celui de la glorieuse Vierge Marie, sa Mère. Alors, le comte connaissant la volonté divine, il fit édifier et fonder la chapelle qui est encore à présent, et la donna à Messieurs du diocèse de Bayeux. »

Des dons nombreux et importants furent faits à la nouvelle chapelle de la Délivrande, à laquelle, en 1340, quatre chapelains furent attachés par l'évêque de Bayeux.

Pendant les luttes continuelles que la France eut bientôt à soutenir contre l'Angleterre, la chapelle de la Délivrande fut réduite à un grand état de pauvreté ; mais, en 1385, le chapitre de Bayeux en fit réparer les ornements. Un peu plus tard, en 1422, elle fut agrandie ; on y ajouta la chapelle Sainte-Anne.

On ignore à quelle époque remontent la voûte du chœur et la grande ogive qui en forme l'entrée.

La chapelle Saint-Joseph fut bâtie grâce aux largesses de Pierre Legendre, trésorier général de France.

Vers 1560, le chapitre de Bayeux prolongea le sanctuaire et bâtit le rond-point qui le termine.

A la même époque fut construite la niche qui aujourd'hui encore renferme la statue miraculeuse, et qui est placée à l'angle du sanctuaire de la chapelle Sainte-Anne. Cette statue est faite d'un bloc de pierre du pays. Elle a un mètre de haut ; la Vierge Marie est représentée debout, tenant l'Enfant Jésus dans ses bras. Elle est peinte, ce qui tente à prouver qu'on a dû autrefois l'exposer sans voile à la vénération des fidèles. Aujourd'hui, et depuis longtemps, on a la bizarre coutume de l'habiller de robes plus ou moins riches, suivant le temps ou les fêtes de l'année.

Le portail latéral, par lequel on entre ordinairement dans la chapelle de Notre-Dame de la Délivrande, remonte à 1560. Au frontispice, sur une plaque de marbre noir, on lit :

Chapelle de Notre-Dame de la Deil-Yvrande.

Ce qui a fait penser que le mot Délivrande venait de *dealle*, que l'on prononce *delle* en normand, et qui signifie une portion de terrain, et de *Yvrande*, nom du champ où la chapelle fut érigée.

En 1562, les protestants pillèrent la chapelle de la Délivrande, et détruisirent les ornements et les tableaux qui y étaient renfermés; mais la plus grande richesse de la chapelle fut sauvée : la statue miraculeuse échappa aux protestants, comme elle avait, autrefois, échappé aux Normands.

Mais la chapelle se trouvait réduite à un tel état de pauvreté, que l'on dut remplacer les calices enlevés par des calices d'étain.

Cependant, bientôt la chapelle de la Délivrande s'enrichit de nouveau, grâce aux généreuses offrandes des fidèles. Ses richesses excitèrent l'envie des malfaiteurs; plusieurs vols y furent commis.

La chapelle de Notre-Dame était de plus en plus fréquentée. D'illustres pèlerins allaient y faire leurs dévotions. On dit que Louis XIII s'y rendit en pèlerinage.

En 1735, de grands embellissements furent faits dans cette chapelle. C'est à cette époque qu'y fut placé le grand autel, ainsi que la belle grille en fer battu qui sépare le chœur de la nef. C'est également de cette époque que datent les deux autels des chapelles latérales.

Mais vinrent les jours terribles de 93. La statue de Notre-Dame de la Délivrande fut enlevée de sa niche par les révolutionnaires; cependant un homme, qui avait à dessein aidé à la descendre, parvint à la sauver. Quant à la chapelle, elle fut pillée et profanée,

CHAPITRE XXIX

mais plusieurs habitants du pays se la firent adjuger, sous prétexte d'en faire un magasin à rentrer les foins, et, en réalité, afin de la préserver.

La chapelle fut rendue au culte en 1805.

La statue, dont le visage seul avait subi quelques dégradations, fut facilement réparée. Rapportée en triomphe de Caen, où elle avait été transportée, elle fut solennellement replacée dans la niche qu'elle occupe encore aujourd'hui.

La chapelle de la Délivrande fut desservie par des prêtres du diocèse de Bayeux jusqu'en 1823, date à laquelle l'évêque de Bayeux nomma les missionnaires du diocèse chapelains de la Délivrande.

En 1824, on érigea, en grande pompe, la statue de la Vierge, que l'on voit sous le portail latéral de la chapelle.

L'église devenant trop petite pour la quantité toujours croissante de pèlerins qui s'y rendaient, les missionnaires firent, de 1853 à 1854, construire la petite chapelle qui longe la nef du côté nord, laquelle fut bénite sous le vocable de saint Rigobert, fondateur de la chapelle primitive.

La première pierre du clocher actuel de la chapelle de Notre-Dame de la Délivrande fut posée en 1854. Il fut terminé l'année suivante. Ce clocher, dû à la générosité des fidèles, a cinquante-six mètres de haut; la belle croix dorée qui le surmonte fut offerte par M. Barthélemi, de Rouen, architecte du clocher. La grosse cloche qu'il contient et qui s'appelle Marie fut bénie en 1856. Elle pèse deux mille six cents kilogrammes.

De nouveaux et importants embellissements sont faits chaque année à la chapelle de la Délivrande, devenue aujourd'hui une belle et riche église.

CHAPITRE XXX

LA DÉLIVRANDE (*suite*)

Une fête à la Délivrande. — Les marchands de chapelets et de médailles.
Retour à Luc.

Le lendemain du jour où nous avions, on s'en souvient, passé une partie de l'après-midi et la soirée tout entière avec M. et Mme Favrel, comme huit heures sonnaient, nous passions devant l'église de Luc, nous rendant à la Délivrande. M. Favrel était avec nous.

Nous mîmes peu de temps à parcourir la courte distance qui sépare Luc de la Délivrande, deux kilomètres et demi seulement.

En arrivant à la Délivrande, nous fûmes surpris de l'animation qui déjà régnait dans les rues et surtout aux abords de l'église. Un train de Caen venait sans doute d'arriver, car le chemin qui de la gare conduit au bourg était rempli de monde; des familles entières, hommes, femmes, vieillards, enfants, tous en habits de fête, se dirigeaient vers l'église.

— Qu'y a-t-il ici d'extraordinaire? demandai-je à M. Favrel.

— Je l'ignore. Ou plutôt, reprit-il, j'oubliais que nous sommes aujourd'hui le 8 septembre.

— Le jour de la Nativité.

— Une des fêtes que l'on célèbre ici avec le plus de solennité.

Nous étions depuis quelques instants à la porte de l'église, nous y voyions continuellement entrer des pèlerins. Ce n'était pas le moment de la visiter en curieux. Nous y pénétrâmes cependant. L'autel était préparé pour la messe solennelle qui devait y être dite une heure plus tard; on l'avait paré de tout ce que possède de plus magnifique le riche trésor de la chapelle; des milliers de bougies, des fleurs en profusion, ornaient le sanctuaire. Je ne vis rien de tout cela d'abord. En pénétrant dans l'église, j'avais cherché du regard l'image antique et vénérée qui, depuis tant de siècles, attire à la Délivrande de si nombreux pèlerins.

La Vierge miraculeuse avait revêtu, ce jour-là, son costume le plus riche, une robe d'un merveilleux tissu d'or; elle portait sur la tête un diadème de diamants, entremêlés de pierres précieuses; mais sous ce riche costume, celle que je cherchais, celle que je voyais, c'était la Vierge sainte, dispensatrice des célestes bienfaits, c'était Marie, étoile de la mer, Marie, consolatrice des affligés; c'était vers elle que se portaient les aspirations de mon cœur; c'est à elle que je voulais adresser ma prière.

Quand j'eus achevé de prier, je regardai autour de moi; c'est alors que je vis les préparatifs dont j'ai parlé tout à l'heure.

Je ne pus examiner l'église dans tous ses détails, comme je l'eusse fait un autre jour, mais je remarquai les vitraux qui ornent les fenêtres du sanctuaire, et dont les peintures représentent les principaux traits de la vie de la Vierge; ils me parurent fort beaux.

M. Favrel attira notre attention sur la grille du chœur; il en est, en effet, peu d'aussi belles.

Quand nous sortîmes, une foule compacte remplissait la place où l'on attendait l'heure de la grand'messe.

CHAPITRE XXX

Cette place offrait, ce jour-là, un coup d'œil tout particulier. De nombreuses voitures y stationnaient : c'étaient des omnibus, des charrettes, des véhicules, enfin, de toutes formes et de toutes espèces venus des villages voisins pour amener des pèlerins. Les auberges

PAYSANS NORMANDS

et les cafés regorgeaient de monde, on avait eu si chaud pour venir ! Les marchands de médailles et de chapelets faisaient leurs offres de services. Il y en a tout autour de la place ; comme je remarquais combien ils étaient nombreux,

— Vous n'avez pas tout vu, me dit M. Favrel.

Il me fit tourner derrière la chapelle. Là, j'aperçus une foule de petites boutiques, semblables à celles qu'occupent les marchands forains dans les fêtes des environs de Paris ; elles étaient rangées sur plusieurs lignes, et un certain nombre étaient adossées à l'église.

— On permet cela? dis-je à M. Favrel.

— Pourquoi pas? fit Charles, ne faut-il pas que ces braves gens gagnent leur vie?

— De jolies petites médailles, Monsieur! criait en ce moment à mon oreille l'une des marchandes; achetez-moi quelque chose.

— Voyez, dit une autre, s'adressant à Charles, de jolies photographies de la chapelle.

— Monsieur, j'ai de beaux chapelets.

— De charmants souvenirs de la journée, et pas chers.

Nous étions littéralement étourdis.

— Fuyons, dis-je. J'ai promis à ma sœur de lui rapporter un souvenir de la Délivrande; je vais l'acheter dans une des boutiques de la place.

J'étais scandalisé.

Les missionnaires ont-ils le droit d'empêcher les marchands de s'établir aussi près de leur église? S'ils ne l'ont pas, j'en suis fâché; s'ils l'ont, ils devraient en user.

Nous avions promis de rentrer de bonne heure à Luc, nous déjeunions chez M. Favrel, et sa femme nous attendait tous trois à dix heures et demie.

Nous quittâmes donc la Délivrande avant la grand'messe, au moment où la grosse cloche, faisant retentir l'air de ses sons clairs et sonores, appelait à l'église les pèlerins retardataires.

CHAPITRE XXXI

LANGRUNE ET SAINT-AUBIN

L'église de Langrune. — Le parquet des Essarts. — Saint-Aubin.
Le Castel. — Les baigneurs.

Le même jour, à deux heures de l'après-midi, nous prenions congé de M. et de Mme Favrel, devant l'établissement des bains de mer de Langrune. Tout en causant, ils nous avaient accompagnés jusque-là. Bordée dans toute sa longueur de chalets et de maisons de campagne, la route qui conduit de Luc à Langrune, par la plage, est très fréquentée par les baigneurs de ces deux stations voisines : c'est une charmante promenade.

Comme il savait que nous ne devions pas séjourner à Langrune, M. Favrel, en nous quittant, nous recommanda de ne pas manquer d'aller visiter l'église.

Pour suivre son conseil, nous entrâmes dans le village, bientôt nous aperçûmes l'église en question. Elle est bien jolie, en effet, cette petite église, vrai bijou de l'architecture du XIIIe siècle, avec sa belle tour centrale, surmontée d'un charmant clocher à jour, terminé en pyramide. L'intérieur répond à l'extérieur; nous y remarquâmes, tout spécialement, d'élégants chapiteaux et une belle chaire en pierre; quant aux vitraux qui ornent l'abside, ils sont beaux, mais, malheureusement, ils sont modernes.

En sortant de l'église, comme nous n'avions rien à faire dans le village, nous regagnâmes la plage.

Je ne dirai rien de la plage de Langrune, elle ressemble absolument à celle de Luc. Luc, Langrune, Saint-Aubin, ne font, pour bien dire, qu'une seule et même plage; aussi, ces trois stations balnéaires sont-elles fréquentées par la même société, et, dans l'une comme dans l'autre, jouit-on d'une égale liberté. « A Langrune, a-t-on dit, pas de soucis ni de toilette, la vie libre chez soi comme au dehors; nul compte à rendre qu'à l'aubergiste et à Dieu. » On pourrait en dire autant des deux stations voisines.

Comme nous suivions la plage de Langrune, nous aperçûmes à une certaine distance, sur le sable (la mer était basse alors), plusieurs sociétés qui semblaient se rendre à la pêche. Avisant un marin qui, comme nous, les regardait partir,

— Est-ce que la pêche aux coquillages est facile ici? lui demandai-je.

— Oh! oui, Monsieur; vous voyez là-bas ce parquet rocheux, c'est le parquet des Essarts, on y trouve de tout : des moules, des crabes, des crevettes.

— C'est dommage, dit Charles, que nous ne fassions que passer.

— Oui, mais nous n'avons pas de temps à perdre.

Nous continuâmes notre route jusqu'à Saint-Aubin, où nous attendait une parente de ma mère, qui tous les ans passe deux mois dans cette localité. Je l'avais prévenue la veille que j'irais lui demander à dîner ce jour-là.

Il était quatre heures quand je me présentai chez elle. Elle était sortie, me dit-on, je devais la trouver sur la plage.

CHAPITRE XXXI

Je commençai par aller déposer mes bagages à l'hôtel où Charles m'avait précédé, avant de me mettre à la recherche de Mme Leroux. L'hôtel, que nous avions choisi sur l'indication de M. Favrel, est

NORMANDES

situé à l'extrémité du pays, au lieu dit *le Castel*, et désigné, sur les anciennes cartes, sous le nom de Cap-Romain. En entrant dans la chambre que Charles avait déjà retenue pour moi, et dont la fenêtre, restée ouverte, donnait sur la mer, je fus très agréablement surpris.

J'étais venu de chez ma cousine par le village, et ne m'étais pas rendu compte que la rue montait doucement ; maintenant, je me trouvais sur une falaise, peu élevée, il est vrai, mais d'où l'on a une vue magnifique.

Je me mettais à la fenêtre pour jouir du délicieux panorama que je venais d'entrevoir, quand j'aperçus, tout près de l'hôtel, ma cousine qui se promenait sur la plage avec une autre dame. Je quittai brusquement mon poste d'observation et descendis quatre à quatre. Une minute plus tard, ma bonne parente me pressait dans ses bras. Elle ne m'avait pas vu depuis six ans, et elle avait eu autrefois une prédilection toute particulière pour certain bambin de ma connaissance, qu'elle gorgeait de bonbons et de confitures, quand elle demeurait à quelques pas de nous, dans la bonne ville d'Orléans.

— J'ai été bien contente en recevant ta lettre, me dit-elle après les premiers embrassements; mais ce n'est pas une soirée, mais bien plusieurs jours, une semaine au moins, que tu eusses dû me donner; tu ne te serais pas ennuyé, je t'aurais fait faire de jolies promenades.

— Mon temps était compté, chère cousine, il faut qu'avant quinze jours je sois à Cherbourg. Et puis, je vous l'ai dit, je voyage avec un ami.

— Ah! oui; mais, où donc est-il, ton ami?
— A l'hôtel.
— Il ne nous fera pas attendre pour dîner, j'espère.
— Il ne dîne pas avec nous, ma cousine.
— Mais où dîne-t-il donc?
— A l'hôtel.
— Je voudrais bien voir cela! Tu fais des cérémonies avec moi, Maurice; ne te rappelles-tu plus du temps où tu m'appelais maman Leroux? Ton ami dînera avec nous, je le veux. Lui faut-il une invi-

CHAPITRE XXXI

tation en règle? Qu'à cela ne tienne! En rentrant, je vais envoyer Françoise la lui porter, ou bien encore.... Est-il chez lui?

— Oui, ma cousine.

— Alors, je vais monter le prier de vouloir bien honorer notre dîner de sa présence.

— Ne vous donnez pas cette peine, ma cousine. Je vais, tout simplement, lui dire que vous l'invitez à dîner, et il acceptera sans cérémonie, je puis vous l'assurer.

— Vas-y donc.

Je montai. Charles descendit avec moi pour remercier ma parente de son invitation, puis nous remontâmes ensemble, afin de faire un peu de toilette.

Ma cousine dîne à six heures. Comme six heures sonnaient, nous tirions la sonnette à sa porte.

Elle nous reçut avec la franche cordialité qui lui est naturelle. Charles fit sa conquête par sa bonne humeur et son sans façon.

Nous passâmes la soirée avec elle sur la plage.

— Je vous reverrai demain matin, n'est-ce pas? nous dit-elle en nous quittant. A quelle heure partez-vous?

— A quelle heure se baigne-t-on? lui demandai-je.

— Vers huit heures.

— Eh bien, fis-je, en regardant Charles, j'ai bien envie de prendre un bain ici, avant de partir. La plage est très belle, la mer est encore bien chaude. Qu'en dis-tu, veux-tu te baigner avec moi?

— Je ne demande pas mieux.

— Alors, ma cousine, nous ne partirons guère avant dix heures; nous irons vous dire adieu.

— Avez-vous des costumes?

— Nous en louerons à l'établissement.

— Mais l'établissement est à une demi-lieue d'ici, et puis, personne n'y va. Il est bien plus commode de se déshabiller chez soi.

— Comment fait-on pour se rendre au bain?

— On met un peignoir.

— Mais les personnes qui demeurent dans le village?

— Elles traversent le village en peignoir.

— Mais pour revenir?

— Elles reviennent comme elles sont allées.

— Cela doit être drôle à voir.

— Pour ceux qui n'y sont pas habitués, peut-être; mais je t'assure qu'ici on n'y fait pas attention. J'ai des costumes à votre disposition.

— Alors, merci; nous irons les chercher demain de bonne heure.

Rentré à l'hôtel, mon premier soin fut d'ouvrir la fenêtre qu'on avait fermée en mon absence. La soirée était splendide et le coup d'œil admirable. En face de moi, un peu sur la droite, les phares de la Hève brillaient dans la nuit sombre, et éclairaient la côte d'Ingouville; au loin, j'apercevais la silhouette de plusieurs navires se dirigeant vers la rade du Havre. La grande voix de la mer s'élevait menaçante au milieu du silence de la nature endormie. Je m'accoudai au balcon et restai longtemps en admiration. Il était fort tard lorsque je me décidai à fermer ma fenêtre et à me mettre au lit.

Le lendemain, comme je me rendais chez ma cousine pour y prendre les costumes promis, je pus jouir d'un spectacle qui me parut fort amusant. De toutes les maisons de la plage sortaient des baigneurs, hommes et femmes, qui descendaient à la mer dans le costume traditionnel; ce n'était rien, ceux-là n'avaient que quelques pas à faire avant d'entrer dans l'eau; mais de toutes les venelles (c'est le nom donné dans le pays aux petites rues qui conduisent à la mer), de toutes les venelles, dis-je, débouchaient en ce moment hommes, femmes, enfants, les uns dans le costume sommaire des baigneurs,

CHAPITRE XXXI

les autres également en costume de bain, mais enveloppés de longs peignoirs, blancs pour la plupart. Beaucoup formaient des bandes de cinq ou six personnes, quelquefois plus ; tout en se dirigeant vers l'endroit où elles avaient coutume de se baigner, elles riaient, causaient, s'arrêtaient, comme elles l'eussent fait à quatre heures de l'après-midi, dans leur costume de promenade.

C'était vraiment original et tout à fait typique.

Je crois qu'il est peu de stations maintenant où règne cette liberté toute primitive. Mais les baigneurs de Saint-Aubin tiennent à la tradition.

La femme de chambre de ma cousine m'ayant remis les costumes que je venais chercher, je rentrai à l'hôtel. Nous nous déshabillâmes, Charles et moi, et descendîmes prendre notre bain, après lequel nous avalâmes à la hâte une tasse de café au lait, avant d'aller faire nos adieux à ma parente.

En nous rendant chez Mme Leroux, nous jouîmes d'un spectacle non moins pittoresque que celui qui, le matin, avait excité ma curiosité. Presque tout le monde, alors, revenait du bain. Cette fois, on ne s'amusait pas à causer. Chacun s'enveloppait qui de son peignoir, qui d'un grand manteau bien épais. Les femmes et les jeunes filles, grelottantes, couraient, d'un pied léger, sur le sable ; elles passaient si vite qu'à peine avait-on le temps de les reconnaître ; il y avait peut-être bien un peu de coquetterie dans la vitesse de leur course. Le costume de bain est peu seyant au sortir de l'eau.

Ce spectacle nous amusa beaucoup.

Nous trouvâmes ma cousine toute prête à nous recevoir. Nous restâmes un quart d'heure avec elle ; puis, après l'avoir remerciée du bon accueil qu'elle nous avait fait, nous lui dîmes adieu et partîmes.

CHAPITRE XXXII

DE SAINT-AUBIN A COURSEULLES

Un vieil archéologue. — Bernières. — Courseulles. — Fontaine-Henri. Creuilly.

Nous suivîmes la plage. En passant au pied de la falaise sur laquelle est bâti l'hôtel où nous avions couché, tout à l'extrémité, du côté de Bernières, nous rencontrâmes un vieux monsieur qui considérait le pied de cette falaise avec une attention extraordinaire.

— Êtes-vous du pays, Messieurs? nous demanda-t-il.
— Non, Monsieur, lui répondis-je.
— Pardon. Ma question doit vous paraître indiscrète, mais j'avais pensé que, peut-être, vous pourriez me renseigner sur une chose qui m'intéresse beaucoup. On m'a dit qu'on avait trouvé, par ici, les vestiges d'un camp romain, sauriez-vous me dire où les savants le placent?
— C'est à nous, Monsieur, de nous excuser de notre ignorance, mais nous ne sommes ici qu'en passant; arrivés d'hier, nous quittons aujourd'hui le pays et n'avons pas entendu parler de ce camp.

— On a pourtant trouvé ici des médailles et des débris révélant son existence.

— C'est possible, Monsieur, et je vous suis très reconnaissant des renseignements que vous voulez bien me donner à ce sujet.

— On m'a dit qu'on voyait encore, à peu près à la place où nous sommes, l'ouverture d'un puits qui doit remonter à l'époque où les Romains occupaient la Gaule. Je n'ai pas encore pu le trouver.

— Il faut espérer, Monsieur, que vous le trouverez enfin.

— J'ai fait cent lieues pour cela.

Charles ne disait rien; il avait peine à garder son sérieux.

Une telle passion pour de vieilles pierres et des ruines introuvables lui paraît une folie. C'en est une peut-être; en tous cas, elle est douce et respectable. Et puis, les fous de ce genre ont fait parfois de grandes découvertes.

Nous saluâmes le vieux monsieur, et le quittâmes.

Bientôt nous arrivâmes à Bernières; nous nous dirigeâmes aussitôt vers le village, situé à cinq ou six cents mètres de la mer. Nous savions y trouver une vieille église fort intéressante à visiter, nous nous y rendîmes.

La tour de cette église, haute de soixante-sept mètres, est du XIIIe siècle; elle est précédée d'un porche excessivement remarquable. L'intérieur appartient à plusieurs époques; la nef est moitié du XIe et moitié du XIIe siècle, tandis que le chœur ne remonte qu'au XIVe. On remarque, dans cette église, des chapiteaux romains d'un style très pur; de belles boiseries, un tableau sur bois du temps de Charles IX, et un ancien lutrin. Le maître-autel, à colonnes torses, est curieux.

Nous demeurâmes longtemps dans cette petite église, dont chaque détail mérite d'être examiné avec soin. J'y serais peut-être encore resté, si Charles ne m'eût fait remarquer que nous n'avions pas

déjeuné, et qu'il nous fallait faire encore trois kilomètres avant d'arriver à Courseulles.

Nous suivîmes quelque temps la route, et passâmes devant de fort belles maisons de campagne. Bernières est située un peu plus loin de la mer que les derniers villages que nous avions visités. Ici de grands arbres aux magnifiques ombrages remplacent les chétifs tamaris, les arbrisseaux maigres et étiolés de Langrune et de Saint-Aubin; les fleurs poussent presque sans culture, les jardins sont superbes.

Ayant regagné la plage, nous la suivîmes jusqu'à Courseulles, où nous arrivâmes en peu de temps.

Courseulles est une petite ville, située à l'embouchure de la Seulles, de là son nom. Son port se compose d'un chenal, entre deux jetées de charpente, d'un avant-port et d'un bassin à flot.

Le port de Courseulles est signalé par deux phares.

Les bateaux de Courseulles font en grand la pêche du maquereau, du hareng et de la morue.

Tout le monde connaît Courseulles, à cause de ses huîtres dont elle fait un commerce considérable.

Nous visitâmes, avec curiosité, les parcs où sont renfermés les précieux mollusques qui font la richesse de Courseulles. Ces parcs ou viviers à huîtres sont des parcs d'élevage et non des lieux de production, comme on pourrait le croire. Les huîtres dont ils sont peuplés viennent de Saint-Waast, d'Ouistreham, d'Angleterre et d'Arcachon. Voici comment on les élève :

« Les huîtres qu'on apporte à Courseulles de Saint-Waast, où elles ont été parquées et remisées, sont, dit M. Luchet, des rustaudes d'un goût saumâtre et des mal apprises qui ne savent garder leur eau. Savoir garder son eau, voilà l'important et le difficile. A Courseulles, où on les parque en eau claire, elles se nettoient, puis, exposées sur les bords de l'étang, elles s'habituent peu à peu à vivre en dehors de leur élément. Enfin, lorsqu'elles sont à point, on les emballe, on les ficelle, et en route pour Paris, Lyon, Marseille ou Naples même, suivant le degré de l'éducation qu'on leur a donnée. »

On compte à Courseulles jusqu'à cent parcs aux huîtres, on y expédie trente ou quarante millions d'huîtres par an. Courseulles en fournit à toute l'Europe.

Le propriétaire du restaurant où nous nous arrêtâmes pour déjeuner, nous donna ces derniers détails ; j'ajouterai celui-ci : Les huîtres de Courseulles méritent leur réputation. Nous en mangeâmes chacun deux douzaines, et avec tant de plaisir, qu'il nous fallut de la raison pour n'en pas manger le double ; mais si elles sont plus fraîches, et par conséquent meilleures à Courseulles qu'à Paris, elles y sont tout aussi chères, et nous sommes des hommes raisonnables.

Nous avions visité le port avant le déjeuner ; en sortant du restaurant, nous allâmes faire un tour dans la ville, qui n'est pas très curieuse.

Son château Louis XIII, qui domine la partie haute de Courseulles, est grand, mais n'offre pas beaucoup d'intérêt architectural. Dans l'église, un beau christ en ivoire, du siècle dernier, mérite seul une mention.

Notre visite à Courseulles fut donc vite achevée.

Nous étions prêts à continuer notre voyage, quand le propriétaire du restaurant, auquel nous avions confié notre bagage, pendant notre promenade en ville, nous dit :

— Ces messieurs repartent donc sans aller voir le château de Fontaine-Henri?

— Qu'est-ce, lui demandai-je, que le château de Fontaine-Henri?

— Mais une des principales curiosités du département. Le château de Fontaine-Henri et celui de Creuilly, c'est tout ce qu'il y a de plus beau dans le Calvados.

CHAPITRE XXXII

Je regardai Charles. J'hésitais maintenant à partir.
— Est-ce bien loin d'ici? demandai-je.
— Fontaine-Henri? Non.

SÈCHE — HUÎTRES — POLYPIER

— Pouvez-vous nous procurer une voiture?
— Vous en trouverez facilement, tout près d'ici, à l'*Hôtel des Étrangers*.

— Eh bien, Charles, que penses-tu d'une promenade au château de Fontaine-Henri?

— Je pense que nous voyageons pour voir du pays, et que tout ce qui est intéressant a le droit de nous arrêter.

— Alors, dis-je au restaurateur, nous vous laissons encore nos valises.

— Très bien, Messieurs. Bonne promenade!

Nous étions déjà dehors.

Nous nous arrangeâmes facilement avec le maître de l'*Hôtel des Étrangers*. Il nous loua, pour un prix modéré, il est vrai, un assez triste équipage, et nous partîmes.

Le cocher nous fit traverser de jolis pays dont nous ne soupçonnions même pas l'existence; nous ne pouvions nous croire si près des plages arides de Luc, de Langrune et de Saint-Aubin.

Enfin, nous arrivâmes à la porte du château, but de notre excursion.

Ce château, pur style Renaissance, fut bâti aux xve et xvie siècles. Il est fort beau et parfaitement conservé. Les propriétaires étaient absents, je demandai au jardinier, gardien du château, de bien vouloir nous montrer une grande cheminée, célèbre dans tout le pays.

Nous la vîmes, cette curieuse cheminée. Elle est presque aussi grande que celle de Chambord et fort belle.

Nous nous promenâmes ensuite dans le beau parc, ouvert au public, qui entoure le château; nous en traversâmes une grande partie, ce qui nous abrégea beaucoup le chemin pour aller visiter une chapelle du xiiie siècle, qui se trouve tout près de là.

Cette chapelle n'est plus en état de servir, mais ses ruines sont fort belles; la situation en est des plus pittoresques.

Notre cocher nous avait recommandé cette petite excursion, que

CHAPITRE XXXII

font presque toutes les personnes qui viennent à Fontaine-Henri.

Avant six heures, nous étions rentrés à Courseulles. Nous y dînâmes et y couchâmes. Nous avions décidé d'aller le lendemain au château de Creuilly; la belle promenade que nous avions faite, nous avait mis en goût.

CHATEAU DE FONTAINE-HENRI

Nous partîmes de bonne heure et cette fois à pied. Nous prîmes la route de Bayeux, passâmes les deux bras de la Seulles, traversâmes Blanville et Tierceville, et franchîmes la Seulles au delà du hameau de Creullet. Bientôt nous aperçûmes le château.

Le château de Creuilly est un composé de l'architecture de toutes les époques, depuis le xii⁰ jusqu'au xvi⁰ siècle. Il est surmonté de deux tours : l'une, de forme octogone, servait sans doute de poste d'observation; l'autre, qui s'élève assez haut sur le rempart même, est terminée par un appartement carré. Le château de Creuilly fut autrefois une des plus importantes forteresses du Calvados. Nous nous adressâmes au jardinier pour le visiter à l'intérieur. Des salles voûtées et des cheminées très anciennes sont ce qu'il renferme de plus curieux.

En sortant du château, nous entrâmes dans l'église; l'église et le château se touchent.

L'église de Creuilly est composée d'une nef, d'un chœur et de bas-côtés romans. Elle est surmontée d'une tour moderne. Sous cette église est un caveau sépulcral que nous ne pûmes visiter.

Il était de bonne heure quand nous rentrâmes à Courseulles, mais nous étions fatigués, et nous nous décidâmes à y coucher encore une nuit.

Le lendemain matin seulement, nous reprîmes le cours régulier de notre voyage.

CHAPITRE XXXIII

DE COURSEULLES A ARROMANCHES

Ver; son phare, son église. — Asnelles; sa plage. — Arromanches. La tête du Calvados. — L'église.

Suivant toujours la plage, nous arrivâmes bientôt à Ver, petit village dont le phare à feu fixe et à éclats se voit à mille cinq cents mètres en mer.

Ver possède une jolie église dont le clocher du xie siècle attira tout de suite notre attention. Nous voulûmes la voir de près et en visiter l'intérieur. Sa nef ainsi que ses tours sont romanes, le chœur du style ogival, de la fin du xiiie siècle.

Comme nous sortions de l'église, nous remarquâmes un bâtiment qui nous parut dater du xive siècle; nous nous renseignâmes, et apprîmes que c'était autrefois la grange des dîmes.

Un peu plus loin, nous rencontrâmes une ancienne porte faisant suite à un beau mur garni de contreforts.

Cette construction remonte, paraît-il, au xive siècle; elle dépend aujourd'hui d'une ferme appelée la Jurée.

De Ver, nous nous rendîmes à Asnelles, petite station balnéaire dont la plage, admirable par son étendue, est couverte d'un sable fin et parfaitement uni.

Un certain nombre de villas élégantes, de beaux hôtels s'élèvent sur cette plage, longtemps peu fréquentée et qui, si j'en crois les renseignements que je pris auprès du garçon d'hôtel qui nous servit à déjeuner, n'a pas prospéré depuis quelques années à l'égal de tant de stations, dont la plage est assurément moins belle, et les bains moins commodes, mais dont l'accès est plus facile.

Il n'y a rien à voir à Asnelles. Dès que nous eûmes déjeuné, nous continuâmes notre route vers Arromanches, où nous devions dîner et coucher.

Nous n'avions que deux kilomètres à parcourir. Le temps était magnifique, la mer superbe; la promenade nous parut charmante.

Arromanches est un village de pêcheurs, situé au bord de la mer, dans un joli vallon, garanti des vents d'est et d'ouest par des falaises qui se relèvent en pente douce.

Sa position, ainsi que la beauté de sa plage de sable fin, explique la vogue dont jouissent ses bains de mer très fréquentés, non seulement par les familles des environs, mais aussi par beaucoup de familles parisiennes qui, étant allées une fois à Arromanches, y sont retournées et y retournent chaque année. Je connais, pour ma part, des personnes qui professent pour ce petit pays un véritable enthousiasme. Je le comprends, surtout depuis que j'ai fait dans les environs les excursions dont je parlerai plus loin.

Arromanches est un port d'échouage, qui possède à peu près vingt-cinq bateaux; ses habitants se livrent exclusivement à la pêche du hareng, du maquereau et du congre; ils vont pêcher ce dernier poisson sur les côtes de Portsmouth.

CHAPITRE XXXIII

Quand nous arrivâmes, la mer était basse, ou plutôt elle baissait encore, quoiqu'elle se fût déjà retirée fort loin.

Après avoir déposé nos bagages à l'hôtel, nous nous promenions sur la plage, sur laquelle se trouvaient en ce moment beaucoup de baigneurs, généralement réunis par petits groupes de connaissances et d'amis; nous nous aperçûmes que tous les regards se portaient vers un même point.

— Que regarde-t-on ainsi? demandai-je à un pêcheur.

— La tête du Calvados, me répondit-il. Voyez-vous là-bas ce rocher qui commence à sortir de l'eau, c'est le dernier rocher de la chaîne; il ne se montre jamais qu'aux équinoxes, lorsque la mer le découvre comme aujourd'hui. Tenez, bientôt on va le voir tout entier.

Je remerciai le brave homme de son renseignement.

Nous n'avions rien à faire jusqu'à l'heure du dîner, à part de visiter l'église, ce qui ne devait pas être bien long; nous nous assîmes en face de la mer, et nous regardâmes comme tout le monde.

Bientôt le superbe rocher fut entièrement découvert. Il me parut immense. Ce n'était pas une illusion. Son étendue, je l'ai su depuis, est de mille deux cents mètres de longueur, sur six cents mètres de largeur.

Vers cinq heures, nous rentrâmes dans le village pour aller voir l'église.

L'église d'Arromanches date du XIIe siècle, mais, malheureusement, elle a été presqu'entièrement reconstruite.

Après le dîner, nous retournâmes sur la plage; il n'y a rien autre chose à faire, le soir, à Arromanches.

CHAPITRE XXXIV

D'ARROMANCHES A PORT-EN-BESSIN

Tracy-sur-Mer. — Mauvieux; son église. — Mlle de Fontenailles;
sa légende.

Le lendemain, dès le matin, nous reprîmes notre bâton de voyage.

D'Arromanches à Port-en-Bessin, la côte que nous allions parcourir présente un aspect bien différent de celui auquel nous étions depuis quelque temps habitués.

Après les côtes verdoyantes de Cabourg et de Beuzeval, les plages du Calvados, de Lion à Arromanches, nous avaient semblé un peu tristes et dénudées; les sites qui maintenant allaient s'offrir à nos regards, beaucoup plus variés et pittoresques, sont sauvages et désolés.

Après avoir traversé Tracy-sur-Mer et donné un coup d'œil à son église du xiiie siècle, nous nous rendîmes à Mauvieux, village situé à trois kilomètres d'Arromanches, et qu'on nous avait dit, la veille, à table d'hôte, posséder une fort jolie église et une fontaine pétrifiante.

L'église de Mauvieux est belle, son clocher du XIII⁰ siècle est très bien conservé; le chœur, de l'époque de transition, est également dans un parfait état de conservation.

Quant à la fontaine pétrifiante, elle mérite une visite.

La grotte qui la renferme est entièrement couverte de congélations, affectant les formes les plus bizarres, son aspect est fantastique.

Après avoir quitté Mauvieux, nous laissâmes, à gauche, le village de Fontenailles et nous nous retrouvâmes sur le bord de la mer.

Bientôt nous aperçûmes une énorme roche de forme singulière qui, complètement isolée de la falaise dont elle semble avoir été séparée par les érosions de la mer, se dresse fièrement au-dessus de l'Océan, semblant défier la vague qui lui a livré et lui livre pourtant sans cesse de rudes combats.

— Mademoiselle de Fontenailles! dis-je à Charles.

Il me regarda.

— Tu n'as jamais entendu parler d'elle? lui demandai-je. Tu ne connais pas la légende de la demoiselle de Fontenailles?

— Non.

— Je ne me trompe pas? dis-je en m'adressant à une femme de pêcheur qui passait près de nous. C'est bien cette roche que vous appelez la demoiselle de Fontenailles?

— Oui, Monsieur.

Elle passa.

— Je ne connais pas la légende, me dit Charles.

— Je vais te la conter. Mais asseyons-nous, un instant, au pied de la falaise, en face de notre héroïne. La mise en scène sera convenable.

Nous nous assîmes. Je me recueillis un instant afin de rappeler mes souvenirs. J'avais lu autrefois la légende des demoiselles de Fonte-

L'ATTENTE

CHAPITRE XXXIV

nailles, elle m'avait semblé ingénieuse et poétique, et était, depuis ce temps, restée gravée dans ma mémoire.

— Voici, dis-je, ce qu'on en raconte :

» Trois nobles demoiselles ayant durement repoussé l'amour de trois nobles et vaillants chevaliers qui les voulaient épouser, ceux-ci, de désespoir, se précipitèrent du haut de la falaise dans la mer. Quand celles qui en étaient la cause apprirent le tragique événement, elles se mirent à rire, se moquant de ceux dont elles avaient causé la mort. Ce fut le dernier accès de gaieté des cruelles jeunes filles. Aussitôt leurs cœurs de granit, se gonflant, pétrifièrent leurs têtes, puis leurs bustes, et enfin leurs jambes et leurs bras; et les belles personnes, qui avaient inspiré aux malheureux chevaliers un si funeste amour, furent transformées en trois roches énormes aux formes bizarres et fantastiques. A chaque marée, les trois chevaliers revinrent, sous la forme de lames noires et écumeuses, se rouler aux pieds de celles qu'ils avaient aimées.

» Aujourd'hui, des trois demoiselles de Fontenailles, une seule est debout, les deux autres ont dû céder aux efforts réitérés de leurs anciens adorateurs et les suivre dans l'abîme. Celle-ci a résisté jusqu'ici; un jour, sans doute, elle sera vaincue à son tour. Le cœur des jeunes filles n'a pu être attendri, le granit est moins dur.

— L'histoire est tragique, dit Charles en se levant, et tu la contes fort bien.

Nous nous approchâmes de la roche enchantée. Je ne sais comment cela se fit, mais il me sembla entendre un rire strident sortir de la pierre, pendant que de faibles gémissements s'élevaient du fond de l'eau. Je tressaillis malgré moi. Pendant ce temps, Charles, peu facile à impressionner par les récits légendaires, examinait tranquillement le magnifique monolithe, en fredonnant distraitement un air d'opéra.

A l'est et à l'ouest de la roche, seule existante aujourd'hui, nous vîmes les bases des deux roches disparues; les trois ensemble formaient un triangle.

Vue de près, la roche légendaire affecte une forme toute singulière. Renflée au milieu et amincie aux deux extrémités, elle présente, si on la regarde dans un certain sens, l'aspect d'une tête grecque, coiffée d'un casque pointu et d'un grand porte-nuque.

Comme nous allions nous éloigner de la demoiselle de Fontenailles, j'aperçus au pied de la falaise un poteau indicateur portant une inscription.

Je lus :

« Le 27 août 1880, la société d'agriculture, sciences, arts et belles-lettres de Bayeux, a constaté que la roche dite : Demoiselle de Fontenailles, la seule aujourd'hui des trois semblables roches, ayant, en 1745, fait partie de la terre ferme, est située à soixante mètres du pied de la falaise. »

De cette inscription, on peut conclure, avec certitude, que, depuis un siècle, la mer a, sur cette côte, empiété sur la terre ferme de plus de cinquante centimètres par an.

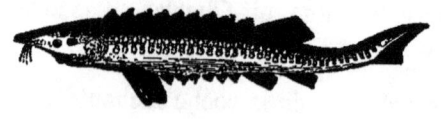

ESTURGEON

CHAPITRE XXXV

DE PORT-EN-BESSIN A BAYEUX

Port-en-Bessin; son port, sa plage. — De Port-en-Bessin à Bayeux par la diligence. — Les fosses du Soucy. — Arrivée à Bayeux. — La cathédrale. — La tapisserie de la reine Mathilde.

Il était plus de midi quand nous arrivâmes à Port-en-Bessin. Mais la route, très accidentée, ne nous avait pas paru longue.

La position de ce village maritime, situé à l'embouchure de la Dromme, dans l'anfractuosité de falaises très élevées, nous parut tout d'abord fort belle, mais nous ne le visitâmes qu'après avoir déposé nos valises à l'hôtel et satisfait le féroce appétit que nous avait donné notre course matinale.

Port-en-Bessin est d'origine très ancienne. C'est à Port-en-Bessin que, lors de la conquête de l'Angleterre, Alon, évêque de Bayeux et frère de Guillaume le Conquérant, fit construire quarante navires qu'il joignit à la flotte de son frère.

Au xve siècle, un évêque de Bayeux fit creuser, à l'embouchure de la Dromme, un bassin, protégé par des parapets et fermé par un pont à vannes, dont on trouve encore aujourd'hui des vestiges. Plus tard, ce port fut amélioré et acquit plus d'importance. Tel qu'il est aujourd'hui, il est formé par deux môles de granit, espacés de cinq cents mètres à l'origine et de cent mètres seulement à l'extrémité. Il est éclairé par deux phares.

Il y a, en outre, à Port-en-Bessin, deux autres bassins dont un d'échouage.

La plage de Port est un vaste champ de galets, assez peu commode pour les bains; il paraît cependant que, dans la belle saison, les étrangers y sont encore assez nombreux. Nous ne pûmes nous en apercevoir, car nous étions au 15 septembre. Ce petit pays a pour lui sa position pittoresque.

Nous passâmes la fin de la journée à Port-en-Bessin. Malheureusement la mer était très calme, car une tempête doit y être fort belle.

Nous ne quittâmes presque pas le port et la plage; il n'y a rien autre chose à Port-en-Bessin. Son église de transition n'a rien de remarquable.

Ce qui nous parut peut-être le plus curieux dans le pays, c'est un pont de sept arches, à plein cintre assurément, mais dont il est difficile de déterminer l'époque.

Nous nous couchâmes de bonne heure. Les soirées commençaient à être courtes et fraîches, or que faire à l'hôtel, dans un village comme Port-en-Bessin ?

Nous devions, d'ailleurs, partir le lendemain de bonne heure pour Bayeux, où nous attendaient nos bagages.

Quand nous nous réveillâmes, il pleuvait averse, mais nous avions si grande envie de renouveler les objets de toilette que contenaient nos valises, qu'eût-il fallu faire à pied, par ce temps épouvantable, les neuf kilomètres qui séparent Port-en-Bessin de Bayeux, nous n'eussions pas hésité un instant à nous mettre en route. Heureusement nous ne fûmes pas mis à pareille épreuve. Une voiture publique partait à huit heures, nous retînmes nos places et attendîmes tranquillement le moment du départ, Charles en ne faisant rien et moi en écrivant mes dépenses sur mon carnet, ce que je n'avais pas fait depuis plusieurs jours.

A l'heure dite, nous nous entassâmes dans l'intérieur d'une voi-

BAYEUX

ture, où je crois bien que deux voyageurs, au moins, trouvèrent moyen de se faufiler en plus du nombre réglementaire, chose fort désagréable, mais contre laquelle il n'y avait pas possibilité de réclamer par le temps qu'il faisait, et bientôt deux chevaux, plus ou moins poussifs, nous emmenèrent vers Bayeux. Arrivés au pont Fatu, nous traversâmes l'Aure dont les eaux viennent jaillir au pied des falaises de Port-en-Bessin, après avoir coulé sous terre pendant environ trois kilomètres. Nous laissâmes à gauche le village de Maisons et le château de Boissy construit aux xv° et xvi° siècles ; puis nous longeâmes le parc du château moderne de Sully. Un complaisant voyageur nous fit remarquer les fosses du Soucy.

Les fosses du Soucy sont un des phénomènes les plus curieux du pays. Nous avions eu l'intention de l'observer de près, en allant pédestrement de Port-en-Bessin à Bayeux ; nous regrettâmes beaucoup de n'avoir pu mettre à exécution notre projet.

Ces fosses sont des ouvertures naturelles où disparaît l'Aure, au moment où elle vient de recevoir les eaux de la Dromme. Elles sont au nombre de quatre : la fosse Tourneresse, la fosse Grippesulais, la Grande-Fosse et la Petite-Fosse. Cette dernière est la plus profonde, c'est celle dont les eaux vont rejaillir à Port-en-Bessin.

Ce phénomène est causé par l'action naturelle de l'eau sur la terre dans un sol très perméable.

Après avoir dépassé le château de Sully, nous dominâmes quelque temps la vallée de la Dromme, et arrivâmes à Bayeux.

Nous nous rendîmes aussitôt au chemin de fer où nous trouvâmes les malles que nous avions expédiées d'Honfleur, et que nous fîmes transporter à l'*Hôtel de Normandie*. Là, nous procédâmes à notre toilette, une toilette complète, et, en attendant l'heure du déjeuner, nous refîmes nos valises, remplaçant par du linge frais celui qu'elles contenaient.

Nous n'avions pas l'intention de séjourner à Bayeux ; cependant, comme nous n'en pouvions pas repartir avant quatre heures, vu que la pluie n'avait pas cessé, et que c'était l'heure de la voiture, nous en profitâmes pour aller voir les deux principales curiosités de la ville : la cathédrale et la tapisserie de la reine Mathilde.

La cathédrale est fort ancienne. Incendiée en 1106, elle fut réédifiée au xiii° siècle ; mais les deux tours romanes du xii° siècle, qui

CATHÉDRALE DE BAYEUX

ornent la façade principale, ont été conservées ; elles sont couronnées de deux flèches hautes de soixante-quinze mètres.

Le portail central, qui date des premières années du XIII⁰ siècle, fut malheureusement mutilé en 1766. Entre la tour et le transept sont deux magnifiques tours en châtaignier, du XIV⁰ siècle.

La tour centrale, de forme octogone, remonte au XII⁰ siècle ; elle fut reconstruite au XV⁰ ; mais, il y a quelques années, elle s'affaissa, et il fallut la refaire presque entièrement : c'est alors qu'on y a ajouté un étage surmonté d'une coupole en tôle. Il paraît que du haut de cette tour on a une vue magnifique, mais nous n'eûmes pas le temps d'y monter.

L'intérieur de la cathédrale de Bayeux, vu de l'entrée de l'église, est d'un effet merveilleux. Pour y pénétrer, on doit descendre six marches. Elle est longue de soixante-seize mètres soixante centimètres et haute de vingt-trois mètres. Autour des collatéraux qui ornent le chœur et la nef, sont vingt-deux chapelles ayant cinq mètres de profondeur.

Nous ne pouvons citer toutes les merveilles de cette magnifique église. Nous y remarquâmes principalement de belles arcades romanes, restes de l'édifice primitif, les beaux chapiteaux aux milliers de colonnettes, de curieuses peintures murales des XV⁰ et XVI⁰ siècles, enfin le célèbre retable en pierre de la chapelle de Notre-Dame de Bonne-Nouvelle.

Avant de sortir de l'église, je tins à visiter la crypte, qui se trouve sous le sanctuaire et sous une partie du chœur. Elle est fort belle ; les archéologues la font remonter au XI⁰ siècle ; elle a été restaurée au XV⁰ et est parfaitement conservée.

En sortant de l'église, nous nous rendîmes au musée, situé à quelques pas de la cathédrale, sur la place Saint-Sauveur ; c'est là que se trouve la fameuse tapisserie de la reine Mathilde, trésor si cher aux Bayeusains.

Cette tapisserie représente l'histoire complète de la conquête de l'Angleterre, et se compose de cinquante-huit groupes; elle est, dit-on, l'ouvrage de la princesse Mathilde, femme de Guillaume le Conquérant, qui l'aurait exécutée avec l'aide de ses femmes. Ce qui paraît certain, c'est qu'elle date de la deuxième moitié du xie siècle; ce qu'on ne saurait discuter, c'est qu'elle est fort belle.

A quatre heures, nous reprîmes la voiture de Port-en-Bessin, où nous couchâmes encore une nuit.

Le lendemain, dès six heures du matin, nous nous mettions en route, pédestrement cette fois.

TAPISSERIE DE LA REINE MATHILDE

CHAPITRE XXXVI

DE PORT-EN-BESSIN A ISIGNY

Colleville. — Saint-Laurent-sur-Mer. — Vierville. — Saint-Pierre-du-Mont.
Grand-Camp. — Isigny.

Nous avions, ce jour-là, une assez longue étape à fournir; nous devions coucher le soir à Isigny, après avoir visité toute la côte.

A deux kilomètres de Port-en-Bessin, nous rencontrâmes un premier village, Huppain; puis bientôt, Sainte-Honorine. Là se trouve, sur le bord même de la mer, une petite chapelle, la chapelle de Saint-Siméon, et, tout à côté, une fontaine pétrifiante, dont les eaux sont réputées avoir la vertu de guérir certaines maladies. Cette chapelle et cette fontaine sont le but de nombreux pèlerinages.

Il y avait plus d'une heure que nous étions en route quand nous arrivâmes à Colleville. Nous savions que ce village possédait une église assez curieuse, et nous voulions la visiter; nous nous y rendîmes. Elle était ouverte, mais encore solitaire; nous pûmes examiner en détail les bas-reliefs remarquables qu'elle renferme.

A l'extérieur, sa belle tour romane fait un bel effet.

Nous passâmes, sans nous y arrêter, à Saint-Laurent-sur-Mer, où se trouve également une église romane, avec tour du XIIIe siècle, que nous ne fîmes qu'apercevoir de loin.

Celle de Vierville attira davantage notre attention par l'élégance de sa tour. Nous entrâmes dans le village, afin de la voir de plus près, et nous eûmes lieu de nous en applaudir, car Vierville, en dehors de son église, possède encore de curieuses maisons du XIIIe siècle, et, à la vue de son vieux manoir de Vomicel, je regrettai de n'avoir pas avec moi une toile et des pinceaux.

Pour la première fois depuis Port-en-Bessin, nous aperçûmes des cabines de bains sur la plage de Vierville. Il paraît que quelques étrangers y passent la belle saison. Le manque de ressources et l'éloignement des grandes villes peuvent seuls empêcher les baigneurs d'y venir plus nombreux, car sa plage de sable fin est magnifique, et ses falaises sont superbes.

De Vierville à Grand-Camp, nous ne rencontrâmes d'autres villages que Saint-Pierre-du-Pont, connu pour ses belles falaises, bien dignes de leur réputation; mais cette partie de la côte est si pittoresque, que le voyageur, en admiration devant la nature, ne se plaint pas de la solitude.

Nous arrivâmes à Grand-Camp juste au moment où l'on sonnait la table d'hôte dans tous les hôtels du pays. Nous entrâmes dans l'un de ces hôtels, au hasard; nous étions trop affamés pour prendre le temps de choisir. Nous tombâmes, du reste, assez bien, je dois le dire; j'ai gardé un souvenir tout particulier du magnifique homard qui nous y fut servi.

Il paraît qu'on pêche à Grand-Camp beaucoup de ces excellents crustacés, ainsi que de belles et bonnes crevettes roses.

Ce n'est qu'après avoir copieusement déjeuné et nous être reposés longuement, que nous sortîmes pour aller visiter Grand-Camp.

CHAPITRE XXXVI

Grand-Camp est un long village, situé à l'embouchure de la baie de Vey, dans un délicieux pays, pittoresque et boisé, et protégé contre la mer par des épis brise-lames à charpente à claire-voie.

La plage de Grand-Camp est une jolie plage de sable fin. Elle borde une assez longue étendue de rochers qui se découvrent à mer basse. Un phare éclaire la côte, que ces rochers rendent dangereuse.

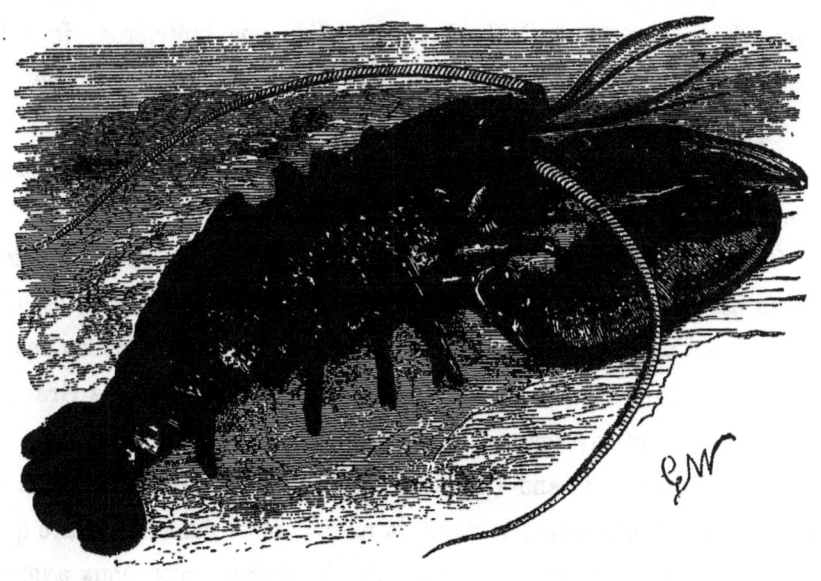

HOMARD

On peut, à Grand-Camp, se baigner à toute heure ; sur le sable, à marée basse ; à marée haute, sur le galet.

Cette facilité, jointe à la beauté de la plage et à celle du pays, attire à Grand-Camp, durant la belle saison, un assez grand nombre d'étrangers. La population stable du pays, population honnête et laborieuse, paraît-il, se compose presque exclusivement de pêcheurs.

L'église de Grand-Camp, isolée sur une hauteur, n'a rien de remarquable.

La principale curiosité de Grand-Camp consiste en ses huîtrières, mais le public n'est pas admis à les visiter ; nous le savions et le regrettions tout haut, tout en prenant un bock de bière au café de l'hôtel où nous avions déjeuné, avant de nous remettre en route.

— Pardon, nous dit un jeune homme assis tout près de nous, et que nous avions déjà rencontré à table d'hôte le matin. Vous seriez bien aises, à ce que j'entends, de visiter nos huîtrières, je puis vous procurer cette satisfaction ; mon père est un des propriétaires des parcs.

Nous remerciâmes notre obligeant voisin, et comme on le pense bien, nous profitâmes avec empressement de sa bonne volonté.

Les parcs de Grand-Camp sont, dit-on, les plus beaux du monde ; je ne serais pas éloigné de le croire. Ces magnifiques parcs, établis au milieu d'un beau jardin, séparé de la mer par le fort Sanson, sont dans des conditions tout à fait exceptionnelles. L'huître de Grand-Camp, grasse et savoureuse, est verte comme la Marenne.

Nous quittâmes Grand-Camp vers cinq heures du soir, non pas à pied, nous avions assez marché le matin, mais dans la voiture qui correspond avec le chemin de fer de Cherbourg, que nous avions l'intention de prendre jusqu'à Isigny. Nous n'avions rien de curieux à voir entre Grand-Camp et Isigny.

Il était tard lorsque nous arrivâmes dans cette dernière ville ; nous ne pûmes la visiter que le lendemain.

Isigny est une ville sans histoire, une ville toute commerciale et sans grand intérêt pour qui ne trafique pas sur le beurre ou sur la volaille. Située à l'embouchure de l'Aure inférieure, elle possède un petit port d'échouage entouré de quais, et pouvant recevoir des navires de trois cents à quatre cents tonneaux. Ce port a pour chenal

CHAPITRE XXXVI

le lit de l'Aure, endigué jusqu'à son confluent avec la Vire, et en aval, le lit de la Vire, redressé entre deux digues. Son commerce d'importation consiste principalement en houilles et en bois, en plâtres,

ARAIGNÉES DE MER — CREVETTE

en grains, en vins et en spiritueux; son commerce d'exportation, en beurres salés et en volailles. Les pâturages d'Isigny sont célèbres entre les magnifiques pâturages de la Normandie, aussi y élève-t-on quantité de superbes bestiaux, et ses beurres sont-ils sans rivaux.

Le miel et les pommes à cidre y sont aussi l'objet d'un commerce considérable. Le cidre d'Isigny est très renommé.

Ne voulant pas rester à Isigny, nous parcourûmes prestement la ville, où nous ne vîmes rien qu'il soit intéressant de mentionner ici, si ce n'est peut-être l'hôtel de ville, château considérable, construit au XVIIIe siècle, qui a été changé de destination.

Il était à peine dix heures quand nous nous remîmes en route, nous dirigeant vers Carentan.

PÊCHE AUX CREVETTES

CHAPITRE XXXVII

D'ISIGNY A VALOGNES

La baie de Veys. — Terrains conquis sur la mer. — Neuilly. Carentan; son port, son église, son château. — Valognes.

Au sortir d'Isigny, nous nous trouvâmes au milieu des magnifiques pâturages qui font la richesse de ce pays, l'un des plus riches de la Normandie, cette belle province qui est elle-même une des plus riches de France.

Arrivés au pont du Vey, à deux kilomètres d'Isigny, nous traversâmes le pont qui relie ce village aux Veys, autre village qui doit son nom à la vaste baie où l'Aure, l'Aurelle, la Vire, la Taute et la Douve débouchent dans la Manche. Cette baie est large de dix kilomètres, et en a dix à quatorze de profondeur.

Là, était jadis une immense plaine marécageuse et tourbeuse. Des dunes séparaient cette plaine de la mer; mais celle-ci l'envahissait quelquefois au moment des grandes marées d'équinoxe, elle y déposa des sables coquillers qui, mêlés à la tourbe, formèrent d'excellents terrains de pâturage. On profita de cette bonne fortune; des travaux considérables d'endiguement furent exécutés, et conquirent à l'agriculture ces terrains exceptionnels.

Aujourd'hui, à la même place, autrefois occupée par de tristes marécages, la vue se repose avec satisfaction sur de beaux et gras pâturages, toujours frais, grâce à l'humidité du sol, où quantité de belles vaches normandes paissent l'herbe fleurie, pendant que les jeunes génisses se livrent à leurs ébats joyeux.

Après nous être bien rendu compte des travaux opérés et avoir constaté avec fierté la victoire remportée sur la nature, par la persévérance et l'intelligence de l'homme, nous traversâmes une seconde fois le pont de Vey, et remontâmes la vallée de la Vire. Nous avions quitté le département du Calvados, pour entrer dans celui de la Manche.

Nous passâmes, sans nous y arrêter, dans le village de Neuilly, dont nous aperçûmes le château du XVIe siècle et l'église surmontée d'une tour moderne.

Il nous fallut encore deux heures pour nous rendre à Carentan. Enfin nous y arrivâmes. Nous avions marché quatre heures depuis notre départ d'Isigny, et avions vraiment grand besoin de nous reposer, car le temps était chaud et fatigant pour la saison; de plus, il était deux heures de l'après-midi, et nous mourions littéralement de faim. Nous entrâmes dans un hôtel situé près du port, demandâmes deux chambres où nous déposâmes nos valises, et priâmes le propriétaire de l'établissement de nous faire servir, sans plus tarder, de quoi satisfaire le formidable appétit qui nous tourmentait depuis longtemps.

Dès que nous eûmes achevé de déjeuner, nous remontâmes dans nos chambres afin de nous reposer un peu. Je crois que Charles se livra aux douceurs de la sieste; pour moi, dont la chambre donnait sur le port, assis près de ma fenêtre, j'assistai à la sortie de plusieurs

PATURAGES EN NORMANDIE

CHAPITRE XXXVII

navires ainsi qu'au débarquement d'un bateau anglais chargé de houille, arrivé la veille à Carentan.

La ville de Carentan est située à peu de distance de la mer, sur la Douve, près de l'embouchure de la Taute, au milieu d'un pays fertile mais marécageux et malsain, arrosé par la Taute canalisée,

VALOGNES

par le canal de la Taute à la Sève et par celui du Plessis. Son port communique avec la mer au moyen de l'écluse du Haut-Dick, construite au confluent de l'Aure et de la Taute. Un magnifique canal, bordé de belles avenues plantées d'arbres, relie cette écluse au port.

Quand nous fûmes un peu reposés, nous sortîmes dans l'intention de visiter l'église et les ruines du vieux château.

Nous nous rendîmes d'abord à l'église.

L'église de Carentan est très curieuse au point de vue archéologique, mais il lui manque une chose très importante, l'unité de style. Sa tour élégante, surmontée d'une flèche pyramidale, flanquée de charmantes tourelles, de clochetons à jour, et d'une balustrade délicatement sculptée, flatte très agréablement les regards ; elle doit dater des XIV° et XV° siècles.

A l'intérieur, la nef, moins élevée que le chœur, date des XIII° et XIV° siècles, pendant que celui-ci date des XV° et XVI° siècles. Les stalles, qui sont fort jolies, ainsi que la remarquable clôture qui les surmonte, sont de la Renaissance ; quant aux vieux vitraux, ils remontent aux XIV° et XV° siècles, et la chaire à jolis panneaux sculptés est du XVII° siècle.

Nous restâmes longtemps dans cette église, dont toutes les parties, prises séparément, sont curieuses à étudier. Elle est aujourd'hui le seul monument de Carentan.

Cette ville possédait, autrefois, un château fort des XII° et XIV° siècles, dont il ne reste aujourd'hui que des ruines. Ce château fut détruit une première fois par les Anglais. Charles le Mauvais en fit reconstruire les fortifications. Sa position, au milieu d'une plaine marécageuse qu'arrosent plusieurs ruisseaux, facilitait sa défense. Aujourd'hui ce château n'existe plus, au moins dans sa plus grande partie, mais celle qui en reste est excessivement curieuse au point de vue de l'architecture militaire du XV° siècle. Son donjon fut détruit en 1800. Cependant Carentan resta place de guerre jusqu'en 1853, époque à laquelle elle fut démantelée.

Le fort des Ponts-d'Ouve, placé à deux kilomètres de Carentan, défend tout le Cotentin.

CHAPITRE XXXVII

J'ai puisé tous ces détails dans une *Histoire de Carentan* que je trouvai dans ma chambre, où quelque voyageur l'avait sans doute oubliée, et que je m'amusai à parcourir le soir, avant de me coucher, car nous étions rentrés de bonne heure. Charles aime à ne rien perdre de son sommeil, et nous étions convenus de partir le lendemain, de grand matin, par le chemin de fer, qui devait nous conduire de Carentan à Valognes.

Nous fîmes comme nous l'avions décidé.

PATURAGES

CHAPITRE XXXVIII

DE VALOGNES A SAINT-MARCOUF

Quinéville. — Promenade à Saint-Marcouf et au château de Fontenay.
Excursion aux îles de Saint-Marcouf.

Le lendemain, à huit heures du matin, nous descendîmes en gare de Valognes.

Nous ne prîmes que le temps de boire un bouillon dans un restaurant voisin du chemin de fer, et nous partîmes pour Quinéville. Nous en étions encore éloignés de quatorze kilomètres, que nous fîmes à pied, en trois heures.

Quinéville est un petit village, situé sur une colline qui forme promontoire entre l'embouchure de la rivière de l'Aître ou Sinope et celle du ruisseau de Tarais. Sa plage de sable, de vingt mètres de longueur, est fort belle ; de son église, située sur la hauteur, on jouit d'une vue magnifique, et le parc de son château du XVIII° siècle, obligeamment ouvert aux étrangers, offre aux baigneurs, qui habitent Quinéville pendant la belle saison, une promenade des plus agréables. Mais ce n'était pas pour admirer la plage de Quinéville, ni son église, ni son château que nous nous y arrêtions, mais pour aller à Saint-Marcouf et aux îles du même nom. C'est pourquoi, notre premier soin, en arrivant dans ce village, fut de nous informer si nous pourrions aller aux îles ce jour-là, et le second de demander quelle distance il pouvait y avoir entre Quinéville et Saint-Marcouf. Les bateaux étaient tous à la mer; nous dûmes donc remettre au lendemain notre excursion maritime.

Quant au village de Saint-Marcouf, il n'était, nous dit-on, qu'à sept kilomètres de Quinéville. Nous avions déjà beaucoup marché depuis le matin, mais nous nous sentions encore la force d'entreprendre cette promenade, après un bon repas et quelques heures de repos.

Vers deux heures de l'après-midi, légers et dispos, cette fois, car nous nous étions débarrassés de nos valises, ce qui n'était pas un mince soulagement, nous partions pour Saint-Marcouf.

Nous fîmes halte au château de Fontenay.

Le château de Fontenay est un château du XVIIe siècle, entouré d'un parc magnifique, et renferme des tableaux de maîtres et de précieux objets d'art.

Debout devant la grille principale, nous admirions le parc, ainsi que la façade du château, et nous déplorions de ne pouvoir visiter les merveilles qu'on nous avait dit y être renfermées, quand j'aperçus, de l'autre côté de cette grille, un de mes camarades de collège.

Au même instant, Lucien de Boureuil me reconnut.

Il ouvrit la porte, vint à moi, me serra affectueusement la main, et nous fit entrer.

Mon ami était en villégiature chez le propriétaire du château, un de ses cousins germains. Ce parent était justement absent, et Lucien seul maître au logis. Il nous introduisit dans les appartements, où nous pûmes admirer, tout à notre aise, les beaux tableaux de maîtres et les curieux objets d'art que M. C*** s'est plu à y rassembler. Ce fut pour nous une véritable bonne fortune.

GRANDE CHEMINÉE DE QUINÉVILLE

Quand nous eûmes tout vu, tout admiré, nous voulûmes reprendre notre course, donnant pour excuse à mon ami, qui nous reprochait de le quitter si vite, le peu de temps que nous avions pour aller à Saint-Marcouf et revenir le même soir à Quinéville.

— Si vous êtes en retard pour dîner, nous dit-il, à votre retour vous vous arrêterez ici ; mon cousin revient ce soir, il sera enchanté de faire votre connaissance et de vous offrir l'hospitalité.

Il fallut, bon gré mal gré, accepter les rafraîchissements que M. de Boureuil nous avait fait préparer.

Grâce à tous ces retards, il était près de six heures quand nous arrivâmes à Saint-Marcouf, et l'église que nous tenions avant tout à voir était déjà fermée. Il fallut bien prendre une grande résolution. Nous avisâmes une petite auberge, qui semblait assez propre, nous y demandâmes à dîner, et nous y fîmes donner des chambres.

Le lendemain, on venait d'ouvrir l'église, quand nous allâmes la visiter.

L'église de Saint-Marcouf est de plusieurs époques ; en partie romane et en partie des XIIIe et XVe siècles, elle possède une belle tribune du XVIe siècle, et ses voûtes sont du style flamboyant. La partie la plus curieuse de cette église est sa crypte, qui date des XIe et XIIe siècles, et est fort intéressante au point de vue archéologique.

Nous avions entendu dire qu'il y avait à Saint-Marcouf une fontaine du XIVe siècle, dans les eaux de laquelle les habitants du pays et des environs avaient grande confiance pour guérir certaines maladies. Nous demandâmes où elle se trouvait ; une paysanne complaisante nous mena à peu de distance du cimetière, et nous montra, en effet, une ancienne fontaine couverte, qui n'a rien de remarquable.

Nous quittâmes Saint-Marcouf de bonne heure, et, sans nous arrêter cette fois, revînmes en toute hâte à Quinéville.

Nous arrivâmes assez à temps pour ne pas manquer notre promenade aux îles. Elle fut délicieuse ; la mer était superbe et le temps

CHAPITRE XXXVIII

des plus favorables ; assez de brise pour avancer rapidement, trop peu pour gêner même les personnes qui n'ont pas le pied marin.

Les îles Saint-Marcouf se composent de trois îles : les îles du Large, où se trouve un fort (le soir, un phare le signale aux navires); l'île de Terre et le rocher Bastis.

Ces îles, vues de la mer, font un effet très pittoresque. Nous eûmes voulu y aborder, mais il était trop tard; nous ne pouvions déjà rentrer avant la nuit, et nous devions le soir même aller coucher à Saint-Waast. Nous avions, à cet effet, commandé une voiture pour six heures et demie. Nous n'eûmes que le temps de boucler nos valises et de prendre en toute hâte un bouillon, nous promettant de souper en arrivant,

MORUE

CHAPITRE XXXIX

SAINT-WAAST

**Les forts de Tahitou et de la Hogue. — Combat naval de la Hogue.
Église de Saint-Waast.**

Pour nous rendre à Saint-Waast, nous avions dix-neuf kilomètres à faire, et, pour moyen de locomotion, une vieille voiture traînée par un cheval maigre et efflanqué, dont l'allure n'annonçait rien de bon. Nous nous installâmes le plus commodément possible, chacun dans un coin de la vieille guimbarde, pompeusement baptisée du nom de voiture, que nous regrettions à cette heure d'avoir retenue le matin, car nous nous demandions, avec effroi, si nous n'étions pas condamnés à y passer la nuit tout entière; puis, nous nous disposâmes à dormir, si toutefois notre fatigue était assez grande pour provoquer le sommeil dans de si défavorables circonstances.

Le voyage, pourtant, s'opéra mieux que nous ne l'eussions espéré. Un quart d'heure à peine s'était écoulé depuis notre départ, quand un ronflement sonore m'apprit que Charles était endormi.

Je ne l'entendis pas ronfler longtemps.

Quand, au milieu des plus beaux rêves que j'ai faits de ma vie, je fus brusquement réveillé par le mot : « Arrivé ! » lancé triomphalement par notre cocher au moment où il entrait dans la cour de l'*Hôtel de France,* le premier mot qui s'échappa de mes lèvres fut : « Déjà ! »

Je regardai ma montre, il était une heure du matin.

Quant à Charles, ce ne fut pas sans peine que je parvins à le persuader qu'il fallait descendre.

Nous demandâmes des chambres et allâmes nous coucher, sans même songer à souper.

Le lendemain, il faisait jour depuis longtemps quand j'ouvris les yeux. Je ne savais pas d'abord où j'étais ; un vague souvenir de voiture, de cour d'hôtel, d'arrivée se confondait avec le souvenir, plus vague encore, d'images bizarres et fantastiques entrevues dans mes rêves. Enfin, un peu d'ordre se rétablit dans mon cerveau ; la première pensée raisonnable qui me vint, fut qu'il était tard et que je n'avais pas dîné la veille. Mon estomac, je crois, en cette circonstance, vint en aide à ma mémoire.

Je sonnai, et demandai si M. Dupré était descendu. On me dit que oui. Je m'habillai et allai rejoindre Charles. Il ne m'avait pas attendu pour déjeuner. Je n'eus pas le courage de lui en faire un crime. Je déjeunai seul et mangeai comme un ogre.

Quand je fus bien réconforté,

— Maintenant, dis-je à Charles, allons visiter la ville, nous n'avons pas de temps à perdre.

— Allons, fit-il en prenant son chapeau.

Nous sortîmes.

Saint-Waast de la Hogue, ville de 3,000 âmes à peine, n'est qu'un simple port d'échouage, mais le mouvement de ce port est

CHAPITRE XXXIX

considérable. Sa rade sûre et commode peut abriter des vaisseaux de tous rangs.

Les pêcheurs de Saint-Waast se livrent surtout à la pêche de la morue et du hareng.

Abrité par des brise-lames, ce port est protégé par les phares de Tahitou, de Saint-Marcouf et de la Hogue. Ce sont les forts de Tahitou et de la Hogue que nous voulions visiter.

SAINT-WAAST DE LA HOGUE

La mer étant basse, nous pûmes aller à pied jusqu'aux îles Tahitou. Derrière le fort, on a créé un joli petit port, bordé de beaux quais, et une jetée longue de 400 mètres, sur laquelle se trouve un phare.

Le fort de la Hogue, que nous allâmes visiter ensuite, et qui occupe l'extrémité d'un promontoire étroit et allongé, où se voit également un phare, est relié à Saint-Waast par une jetée de 600 mètres de long.

Comme nous suivions cette jetée pour nous rendre au fort, j'étais poursuivi par le souvenir des tristes événements accomplis jadis dans ces parages.

— Tu n'es pas gai, Maurice, me dit Charles. A quoi penses-tu donc?

— Au malheureux combat auquel la Hogue a donné son nom.

— Ceux qui assistaient à ce combat sont morts depuis longtemps. Je ne vois pas là de quoi t'attrister?

— C'était le 29 mai 1692, il y a près de deux cents ans. Mais la glorieuse défaite de Tourville a porté à notre marine un coup dont elle ne s'est jamais entièrement relevée.

— Qu'y veux-tu faire?

— Oh! Charles, à t'entendre, on te croirait sans cœur. Heureusement, je te connais.

— Vraiment? Tu sais que je n'ai jamais été fort en histoire. J'ai bien entendu parler d'un combat de la Hogue, mais je t'avoue que j'avais oublié jusqu'au nom de Tourville. Je crois que les Anglais étaient alors nos adversaires. Me trompé-je?

— Les Anglais et les Hollandais. Leur flotte était deux fois aussi nombreuse que la nôtre. Tourville reçut l'ordre de combattre, ordre écrit de la main même du roi. Le résultat de la journée ne pouvait être douteux; mais il dut obéir, et l'ennemi acheta cher la victoire, pas trop cher cependant, vu l'importance du résultat obtenu, car la France perdit ce jour-là sa suprématie sur mer, et elle ne l'a jamais recouvrée.

— Tu es vraiment fort, toi, Maurice, je t'admire; mais j'avoue que de si lointains souvenirs ne sauraient m'émouvoir.

— Affaire d'organisation!

En revenant à Saint-Waast, nous aperçûmes sur le bord de la mer une vieille église romane. Nous voulions y entrer, quand

CHAPITRE XXXIX

nous nous aperçûmes qu'elle était complètement abandonnée. Elle a été remplacée par une église ogivale moderne, que nous visitâmes, et qui est surtout remarquable par la hardiesse de sa voûte.

Nous n'avions plus rien à faire à Saint-Waast. La voiture

COMBAT DE LA HOGUE

publique partait pour Valognes à quatre heures, nous en profitâmes.

Nous descendîmes à Quettehou, nous y dînâmes et y couchâmes; c'est de là que nous devions partir le lendemain matin pour Barfleur.

Nous prîmes la première voiture, celle de six heures. Nous avions vingt-six kilomètres à faire, et nous étions bien aises d'arriver le plus tôt possible. Nous comptions en effet visiter Barfleur, aller au phare de Gatteville, puis prendre à Barfleur la voiture de Cherbourg, où nous voulions nous installer le soir même.

CHAPITRE XL

DE BARFLEUR A CHERBOURG

Barfleur; son port. — Naufrage de la Blanche-Nef. — Le Raz et le phare de Gatteville. — Arrivée à Cherbourg.

Barfleur, vieille ville située sur la Manche, possédait autrefois un des ports les plus fréquentés de la Normandie. Quand on parcourt aujourd'hui le triste bourg qui porte ce nom, on est saisi de tristesse ; c'est l'impression que produisent toujours les villes déchues.

Le port de Barfleur est un bassin d'échouage dont la passe est comprise entre la jetée et un épi de brise-lames ; il est éclairé par quatre phares, et possède environ soixante bateaux de pêche. Son entrée est hérissée de rochers.

C'est à la sortie de Barfleur, alors en pleine prospérité, qu'eut lieu une catastrophe célèbre dans les annales de la Normandie ; je veux parler du naufrage de la *Blanche-Nef*.

Henri Ier, vainqueur de tous ses ennemis, retournait en Angleterre ; un de ses vaisseaux, resté en arrière, se brisa contre un rocher; tous les passagers périrent, à l'exception d'un seul homme. Ce vaisseau portait les filles et les nièces du roi d'Angleterre, ainsi qu'un grand nombre de dames et de chevaliers de distinction.

Barfleur est une ancienne place forte dont les fortifications furent détruites par Henri IV.

Une heure après notre arrivée à Barfleur, nous n'avions plus rien à y faire, si ce n'est de déjeuner avant de nous remettre en route. Nous passâmes le moins de temps possible à cette utile opération, après laquelle nous partîmes tout de suite.

Suivant le bord de la mer, nous arrivâmes bientôt à la pointe dite Raz de Gatteville, où s'élève le phare.

Le phare de Gatteville est une véritable merveille. Il fut construit, de 1829 à 1834, par l'ingénieur de La Rue. Il consiste en une colonne de granit, haute de 74 mètres 85 centimètres, y compris la lanterne, éclairée par le système Fresnel.

Désirant le visiter à l'intérieur, nous nous adressâmes au concierge. Il était libre en ce moment, et put nous y accompagner tout de suite. Nous y pénétrâmes par une porte, en face de laquelle nous trouvâmes un escalier à hélice où nous nous engagions aussitôt. Cet escalier est éclairé par quarante-huit fenêtres.

Nous montâmes trois cent soixante-sept marches.

Arrivés à la galerie qui se trouve au bas de la lanterne, dont elle fait le tour, nous ne pûmes retenir un cri d'admiration. Le coup d'œil, en effet, était magique; devant nous, nous avions l'immensité : l'océan calme et beau, reflétant le ciel bleu; nous distinguions, au large, les blanches voiles des navires qui, venant du Havre, se rendaient en Amérique, ou qui, après un long voyage, revenaient vers le port; à nos pieds, la vague battait contre les dangereux récifs sur lesquels s'élève le phare de Gatteville; à droite et à gauche, nos yeux pouvaient se reposer avec plaisir sur les

CHAPITRE XL

côtes découpées et pittoresques de la Normandie ; c'était la partie gracieuse de ce magnifique et grandiose tableau.

La lanterne est abritée par une coupole que supporte une charpente en bronze, très élégante. Au centre se trouve une seule lampe, autour de laquelle tourne régulièrement un système polygonal d'énormes lentilles à échelons, mu par un mécanisme d'horlogerie.

PHARE DE GATTEVILLE

Le phare de Gatteville est visible à vingt-deux milles en mer. Il rend, et doit rendre les plus grands services, car, par sa position avancée, au milieu de rochers sous-marins et à fleur d'eau, il est destiné à signaler l'extrémité ouest de la grande baie de la Manche, très dangereuse, on le sait, pour la navigation. Son appareil contient seize lentilles et trente miroirs. Son foyer, composé de quatre mèches concentriques, brûle par heure huit cents grammes d'huile.

En descendant du phare de Gatteville, nous aperçûmes l'ancien phare, placé plus près de la mer. Il date du xviiie siècle. Très bien construit pour cette époque, il a rendu, lui aussi, de grands services et valu à l'ingénieur qui en avait dirigé les travaux de nombreuses marques de gratitude, parfaitement méritées.

De Gatteville, nous retournâmes à Barfleur, où nous avions retenu d'avance des places dans la voiture publique de Cherbourg.

A cinq heures, nous faisions notre entrée, fort peu solennelle, dans le premier port militaire de France.

Nous devions passer à Cherbourg la fin de nos vacances, quinze jours environ, car j'avais, on le sait, l'intention d'y travailler. J'avais en projet un grand tableau qui devait avoir pour scène la rade de Cherbourg, et je comptais faire pendant mon séjour dans cette ville plusieurs études destinées à m'aider dans mon travail.

Nous nous rendîmes dans un hôtel que m'avait recommandé un de mes amis, dont la famille avait longtemps habité Cherbourg. Nous fîmes immédiatement nos conditions avec le maître d'hôtel, afin de n'avoir pas, au départ, de surprise désagréable ; nous nous installâmes aussi bien que possible dans nos chambres et procédâmes ensuite à notre toilette, ce qui nous conduisit à l'heure de la table d'hôte.

Il faisait nuit quand nous sortîmes de table. Nous ne pouvions songer à rien voir ce soir-là. Charles était fatigué, et exprima le désir de se coucher de bonne heure ; quant à moi, qui n'ai jamais eu la faculté de dormir neuf ou dix heures de suite, je demandai au maître d'hôtel s'il n'avait pas quelque livre à me prêter pour occuper ma soirée. Il me conduisit devant sa bibliothèque, c'est ainsi qu'il appelle une petite étagère placée au-dessus de son bureau.

— Vous n'avez qu'à choisir, Monsieur, me dit-il.

Choisir ! c'était assez difficile, parmi les vieux bouquins, sans

CHAPITRE XL

intérêt aucun, qui composaient la bibliothèque de mon maître d'hôtel. J'en avais déjà ouvert plus de vingt, et les avais refermés plus vite encore, quand je tombai sur une *Histoire de Cherbourg*.

— Celui-ci du moins a un intérêt local, dis-je en l'emportant dans ma chambre.

Il était vraiment intéressant, et je le lus d'un bout à l'autre.

J'aime beaucoup à me remémorer l'histoire des pays dans lesquels je me trouve, des villes que je visite. Les souvenirs historiques ajoutent beaucoup, à mon sens, à l'intérêt des voyages.

Pensant que le lecteur peut être de mon avis, je veux le faire profiter des renseignements que je puisai ce soir-là sur les origines, l'histoire et les progrès de la ville de Cherbourg dans ce livre inconnu que son modeste auteur négligea de signer.

CHAPITRE XLI

CHERBOURG

Notions historiques.

La ville de Cherbourg, située sur la Manche, près de l'embouchure de la Divette et à l'extrémité de la presqu'île du Cotentin, a été appelée Cæsaris Burgus, Coriallum, Carusburgus, Cherburgium. Le nom de Cæsaris Burgus, qui lui est donné dans les chartes du moyen âge, indique son origine romaine. On a du reste trouvé à Cherbourg des médailles de Jules César, et tout porte à croire que, dès l'époque de cet empereur, son port était très fréquenté; mais on ne sait rien de l'histoire de Cherbourg jusqu'au IXe siècle.

Un acte du XIe siècle constate l'existence de son château.

Guillaume le Bâtard fit construire à Cherbourg un hôpital et une église. On compte parmi les chevaliers normands qui assistaient à la bataille d'Hastings un comte de Cherbourg.

En 1145, la princesse Mathilde, fille de Guillaume le Conquérant, surprise par une terrible tempête, comme elle revenait d'Angleterre, fit vœu, si elle échappait à la mort, de chanter un cantique à la

Vierge au moment où elle apercevrait le rivage, et de bâtir une église à l'endroit où elle parviendrait à débarquer ; en même temps, elle promit une grosse récompense à celui qui le premier lui montrerait la terre.

— Chante, reine, s'écria tout à coup un pilote qui avait aperçu la côte.

De là le nom de *Chantereyne* donné à l'anse où aborda la princesse, anse qui fait partie du port de Cherbourg.

Henri II et sa femme Éléonore résidèrent souvent à Cherbourg.

Philippe-Auguste accorda au port de Cherbourg le droit de trafiquer avec l'Irlande.

Cherbourg fut brûlée deux fois par les Anglais, mais elle les repoussa en 1346.

Elle tomba, en même temps que le Cotentin tout entier, au pouvoir de Charles le Mauvais. Sous ce prince, les flottes anglaises s'habituèrent à débarquer à Cherbourg.

Rendue à la France par Richard II, son commandant la livra à Henri V, roi d'Angleterre, après la bataille d'Azincourt, en 1418. Les Français la reprirent, en 1450, après un long siège.

Pendant le XVIe siècle, l'histoire de Cherbourg n'offre aucun événement remarquable ; elle prit peu de part aux guerres de religion.

En 1686, Vauban, dont le système de fortifications avait été adopté par Louis XIV et par Louvois, vint à Cherbourg, sur l'ordre du roi, et traça le plan d'un port considérable et des fortifications qui devaient la protéger ; puis il fit raser les anciennes murailles et commença les travaux d'exécution de ses plans.

Mais, trois ans plus tard, en 1689, ces travaux étaient abandonnés, et l'on détruisait même ceux qui étaient déjà faits. C'était une faute énorme, car c'était livrer Cherbourg sans défense au premier coup de main que pourraient tenter les Anglais.

VAUBAN

CHAPITRE XLI

On en eut la preuve.

En 1758, sous les ordres du général Blingh, commandant sept à huit mille soldats, les Anglais débarquaient à Cherbourg et s'en emparaient, sans résistance, malgré la forte garnison qui l'occupait. Ils y demeurèrent sept jours, et, pendant ce court espace de temps, détruisirent le port de commerce ainsi qu'une grande partie des jetées, brûlèrent les navires, emportèrent les canons et, avant de partir, exigèrent des habitants une somme considérable.

Cependant Louis XVI, dont les efforts tendaient à relever la marine, comprit l'importance que pouvait avoir Cherbourg comme port militaire, dans le cas d'une nouvelle guerre avec nos voisins d'Outre-Manche. En effet, par sa position sur le sommet de la pointe qui s'avance vers l'Angleterre, Cherbourg semble être pour cette nation une perpétuelle menace. « C'est une position audacieuse, » avait dit avec raison Vauban.

Le capitaine de vaisseau La Bretonnière étudia la côte avec soin et reconnut les immenses avantages qu'il y aurait à creuser un port militaire à Cherbourg plutôt qu'à la Hogue, où on avait d'abord parlé de l'établir. C'est alors qu'on entreprit un travail gigantesque, celui d'établir une digue qui, placée à travers la baie, devrait fermer et protéger la rade.

Ce grand travail devait coûter des sommes énormes et ne s'achever qu'un siècle plus tard. Mais on ne saurait regretter ni le temps ni l'argent consacrés à une œuvre qui a fait de la rade de Cherbourg un abri parfaitement sûr contre les surprises de l'ennemi et les fureurs de l'Océan; une œuvre prodigieuse, supérieure à tout ce qui a été exécuté en ce genre dans l'antiquité et dans les temps modernes.

Les travaux, commencés par Louis XVI, interrompus pendant la Révolution, furent repris par Napoléon Ier et activement poursuivis par Charles X, Louis-Philippe et Napoléon III.

Louis XVI avait ordonné la construction de trois forts : les forts du Hommet, de l'île Pelée et de Querqueville.

Le port militaire fut décrété par Napoléon Ier, en 1803, et la dernière partie des travaux entrepris ne fut inaugurée qu'en 1858 par Napoléon III. Des fêtes splendides, auxquelles assista la reine Victoria, eurent lieu à Cherbourg à cette occasion.

Cherbourg est aujourd'hui le premier port militaire de France.

Sa création a coûté deux cent cinquante millions.

LOUIS XVI

CHAPITRE XLII

CHERBOURG (*suite*)

Première matinée à Cherbourg. — Le port marchand. — Les bains de mer. — La statue de Bricqueville. — L'église de la Trinité. — L'Hôtel de ville. — L'Obélisque. — L'Hôtel-Dieu. — L'église Saint-Clément.

Notre première matinée à Cherbourg fut consacrée à parcourir la ville. Je savais qu'elle ne contenait pas de monuments bien remarquables; mais quand j'arrive dans une ville, j'aime à me rendre compte immédiatement de sa position, de son aspect général, des ressources qu'elle renferme. Si je dois y passer quelque temps, je veux, dès le lendemain, pouvoir m'y diriger sans difficulté.

Charles, on l'a peut-être remarqué, allait où je le conduisais, et s'en rapportait complètement à moi pour l'organisation de nos journées, trouvant toujours bien ce que je faisais.

Comme nous demeurions tout près du port de commerce, il eut, pour cette cause, notre première visite. Situé à l'embouchure de la Divette et du Trottebec, il consiste en un avant-port d'échouage de sept hectares et un bassin de retenue de six hectares.

L'avant-port, long de trois cents mètres sur deux cent trente mètres de large, communique avec la mer par un chenal de six cents mètres de long, bordé par des jetées de granit auxquelles on descend par des escaliers également en granit. Cet avant-port peut contenir quinze gros vaisseaux.

La construction d'un mur de revêtement protège le quartier des Mielles contre les envahissements de la mer.

Le bassin de retenue, d'une contenance de cent quatre-vingt mille mètres cubes, peut maintenir dans la passe et l'avant-passe six mètres trente centimètres en vive eau ordinaire, et quatre mètres trente centimètres en morte eau.

Trois cent cinquante bateaux de pêche sortent chaque année du port de Cherbourg ; ils pêchent plus de mille tonnes de poissons.

Il se fait à Cherbourg des armements pour la pêche de la morue.

Quand nous eûmes achevé de visiter le port marchand, comme il ne nous restait pas assez de temps pour visiter le port militaire dans la matinée, avant de rentrer en ville nous nous rendîmes à l'établissement des bains de mer, placé à droite de l'avant-port, en face de la jetée de l'Est.

C'est un très bel édifice servant en même temps de restaurant et de casino. Il se compose de trois pavillons, réunis par un corps de bâtiment à un seul étage; il est précédé d'un jardin et d'une terrasse. Le pavillon central est surmonté d'une lanterne entourée de galeries, d'où l'on jouit d'une vue magnifique sur la mer et sur les environs.

Les bains de mer de Cherbourg doivent être recherchés; ils le méritent, car la plage de sable fin où l'on se baigne est magnifique.

Il n'était encore que dix heures quand nous rentrâmes en ville; nous ne déjeunions qu'à onze heures. Nous tournâmes l'avant-port pour nous rendre à l'église de la Trinité.

PLAGE ET CASINO DE CHERBOURG

CHAPITRE XLII

Durant le trajet, nous remarquâmes près du port, sur une place, un buste en bronze signé David d'Angers; c'est celui d'un brave de l'empire, de Bricqueville.

L'église de la Trinité est située place Napoléon; c'est la plus intéressante des églises de Cherbourg. Bâtie vers 1450, elle a été

BASSIN DU COMMERCE

restaurée de nos jours, et on lui a ajouté un clocher à deux pans.

L'intérieur de cette église est assez curieux à visiter. Les bas côtés sont soutenus par des contre-forts en arcs boutants, terminés par des pointes ciselées dans le style du XVe siècle. Les pendentifs qui ornent les voûtes de la nef, du chœur, des chapelles et des bas côtés sont remarquables. On admire encore dans cette église, la chaire sculptée par Armand Fréret, le baptême de Jésus-Christ et une statue de la Vierge, par le même, et un beau tableau attribué à Philippe de Champaigne, représentant les saintes femmes au tombeau.

La grande nef est entièrement peinte.

En sortant de l'église de la Sainte-Trinité, nous nous dirigeâmes vers la place de l'Hôtel-de-Ville, sur laquelle se trouve une statue équestre de Napoléon Ier, par de Viel. Le piédestal sur lequel est placée cette statue, est en granit extrait des carrières du pays. L'hôtel de ville de Cherbourg est un monument tout moderne et sans intérêt, mais il renferme le musée, la bibliothèque et un cabinet d'antiquités.

Tout près de l'hôtel de ville, au milieu de la place d'Armes, est un obélisque érigé en 1821 en l'honneur du duc de Berry; ce monolithe, extrait des carrières de granit de Flamanville, pèse plus de soixante mille livres.

Nous passâmes sur la place du Château, sur laquelle sont établies les halles.

Enfin, avant de rentrer, nous voulûmes voir encore l'église de Notre-Dame du Vœu et l'hôpital civil ou Hôtel-Dieu.

L'église de Notre-Dame du Vœu est une église moderne, construite en souvenir du vœu de la princesse Mathilde. Elle n'est pas bien remarquable ; cependant les deux flèches qui ornent la façade principale sont assez curieuses. Au portail est une belle statue de la sainte Vierge, placée là en accomplissement d'un vœu fait par les habitants de Cherbourg en 1870.

L'Hôtel-Dieu fut inauguré en 1862. Au frontispice, se voient trois statues représentant les Vertus théologales.

A côté de l'Hôtel-Dieu est l'église moderne de Saint-Clément. Nous y entrâmes; les seules choses qui attirèrent notre attention

CHAPITRE XLII

dans cette église, d'ailleurs fort peu remarquable, sont une belle verrière et deux tableaux de l'école espagnole.

Nous avions visité à peu près tous les monuments de Cherbourg qui, on le voit, ne sont ni nombreux ni d'un très grand intérêt.

Ce qui nous avait particulièrement frappés durant notre excursion à travers la ville, c'est combien elle est bien bâtie, bien pavée et bien entretenue. Sous ce rapport, elle ne le cède à aucune autre, et peu, parmi nos villes françaises, sont dignes de rivaliser avec elle.

Notre matinée avait été parfaitement employée ; nous rentrâmes, disposés à bien déjeuner, afin de reprendre des forces. Nous voulions dans la journée visiter le port militaire, y compris l'arsenal, ce qui n'était certes pas petite besogne.

SAUMON

CHAPITRE XLIII

CHERBOURG (*suite*)

Visite au port militaire.

Nous partîmes aussitôt après le déjeuner. Nous nous rendîmes directement à la place Napoléon; là, nous prîmes la rue Auvray, puis la rue de l'Union; nous suivîmes ensuite une avenue plantée d'arbres, et bientôt nous aperçûmes à notre gauche un bâtiment blanc portant les mots : *Équipage de la flotte*. En face de ce bâtiment, c'est-à-dire à notre droite, une grande porte s'offrit à nous : c'est celle qui donne accès dans le port. Nous entrâmes. Dans une seconde cour est une autre porte sur laquelle on lit : *Arsenal de la marine*. Quand nous l'eûmes passée, nous nous trouvâmes avoir à notre droite le commissariat de la marine, à notre gauche la Majorité générale. C'est dans ce dernier bâtiment que, sur la présentation de papiers constatant leur identité, on délivre aux étrangers les cartes qui leur sont nécessaires pour visiter le port.

Ces cartes nous furent délivrées sans difficulté, et aussitôt un maître d'équipage se mit en devoir de nous accompagner.

Ayant pénétré dans l'arsenal, nous nous dirigeâmes, en ligne droite, sur les bassins où se trouvent les vaisseaux démâtés.

A notre droite, nous remarquâmes un immense bâtiment, construit sur pilotis, qu'on nous dit être la manutention, et un peu plus loin, un grand hangar qui renferme une scierie mécanique et au-dessus duquel est une salle de plus de cent mètres de long. Nous visitâmes le petit musée naval ou salle des modèles, et l'atelier des canots, renfermant plus de deux cents embarcations de tous genres. Notre guide attira notre attention sur la belle charpente de quatre cales couvertes, et nous nous arrêtâmes un instant devant les beaux chantiers de construction placés près de l'avant-port. Sur le quai ouest de l'avant-port est le nouveau magasin général; à côté, séparés par une rue, les bureaux de la direction et de l'inspection maritime; et, de l'autre côté de la passe, la direction des mouvements du port et le magasin d'armements.

L'avant-port communique avec la rade au moyen d'une passe, large de soixante-quatre mètres; il a deux cent quatre-vingt-douze mètres de longueur sur deux cent trente-six mètres soixante-douze centimètres de largeur; sa profondeur est de près de neuf mètres cinquante centimètres en contre-bas des basses marées, et de près de dix-neuf en contre-bas des terres-pleins de l'arsenal. Il peut recevoir des navires sur une superficie de sept hectares.

C'est dans l'avant-port que se lancent les navires.

Nous y remarquâmes un navire peint en couleur marron.

— C'est, nous dit notre guide, le bateau-amiral; il sert de prison aux officiers.

Nous traversâmes un pont tournant.

A notre gauche, nous avions le nouveau bassin Napoléon III; à notre droite, le bassin à flot, connu sous le nom de bassin Charles X.

CHAPITRE XLIII

L'avant-port, le nouveau bassin ou bassin Napoléon III et le bassin à flot composent l'ensemble du port militaire de Cherbourg.

Le bassin à flot qui communique avec l'avant-port, dont il a la profondeur, au moyen d'une écluse large de treize mètres soixante-dix centimètres, a deux cent quatre-vingt-onze mètres vingt-sept centimètres de longueur sur deux cent dix-sept mètres trente-quatre

JETÉES DE CHERBOURG

centimètres de largeur; sa superficie est de six hectares et demi; il peut recevoir dix-sept vaisseaux. Le nouveau bassin, le plus grand de tous, a quatre cent vingt mètres de long sur deux cents de large; il est creusé à neuf mètres vingt-quatre centimètres au-dessous du niveau des plus basses marées; il communique avec l'avant-port et le bassin à flot par des écluses, l'une de vingt-six mètres, l'autre de dix-huit mètres de largeur, lesquelles écluses sont traversées, la première par deux ponts en fer, la seconde par deux ponts en bois. Sa superficie est de huit hectares et demi.

Ces trois bassins, creusés dans le roc, ont ensemble une superficie de vingt-deux hectares. Quarante vaisseaux, nombre égal à celui que peut contenir la rade, y peuvent évoluer facilement.

Nous écoutâmes, avec beaucoup d'intérêt, les détails que nous donna, au sujet de ces bassins et de tous les travaux du port, le maître d'équipage, chargé de nous accompagner. Ce sont ces renseignements que je transcris ici après les avoir quelque peu complétés.

Après nous avoir fait admirer le coup d'œil général du port, notre conducteur nous montra un beau bâtiment, situé au nord du vieux bassin et séparé du quai par le petit bassin de la mâture qui correspond avec la rade et le bassin à flot, et nous apprit que ce bâtiment renfermait les ateliers de la mâture. Il nous fit ensuite traverser un petit pont qui nous mit à droite du vieux bassin près de la direction de l'artillerie. Nous demandâmes à visiter la salle d'armes.

Le musée d'armes de Cherbourg est très curieux ; il renferme plus de trente mille fusils et des armes de toute espèce, rangés dans un ordre parfait ; un canon, provenant de la flotte de Tourville, lequel canon a séjourné plus de cent cinquante ans dans la mer avant d'en être retiré ; enfin des trophées, provenant de diverses expéditions.

En sortant de la salle d'armes, nous traversâmes de nouveau le pont et fîmes, pour terminer, le tour du bassin Napoléon III.

Au nord de ce bassin se voient quatre magnifiques formes de radoub, creusées dans le roc pour recevoir les plus grands bâtiments tout armés, et cela même par les plus petites marées. Nous remarquâmes aussi une halle de travail ; au nord-ouest, la direction des travaux hydrauliques, renfermant des ateliers et une salle de modèles où nous vîmes plusieurs plans en relief du port et de la digue, et aussi la pierre tombale de Napoléon à Sainte-Hélène ; à l'ouest, sept cales

CHAPITRE XLIII

de construction pour vaisseaux, et au sud, deux vastes formes ; à côté de l'école des apprentis, les nouvelles forges d'armement et divers hangars.

Nous avions fini de visiter le port proprement dit, nous en sortîmes. De l'autre côté du mur, dans l'enceinte des fortifications, se trouvent encore de nombreux bâtiments, des casernes, de vastes bâtiments casematés, quatre poudrières, et la chapelle, qui est très jolie.

Enfin nous nous retrouvâmes à la même place d'où nous étions partis pour faire cette longue et intéressante visite.

Il ne nous restait qu'à récompenser de sa peine le maître d'équipage qui nous avait accompagnés et à prendre congé de lui. Je lui glissai une pièce de deux francs dans la main, et nous nous quittâmes très bons amis.

Il était cinq heures. Nous regagnâmes tranquillement notre hôtel. Nous n'étions pas fâchés de nous reposer un peu avant l'heure du dîner.

Nous passâmes une partie de notre soirée sur la plage, et la terminâmes assis sur la terrasse du Casino.

Nous avions, durant tout le jour, admiré les merveilles créées par le génie de l'homme; nos esprits, fatigués autant que nos corps, avaient besoin de repos; la nuit splendide était calme; pas un flot sur l'Océan, sur la terre pas un souffle; autour de nous peu de monde, car la saison était avancée, et quelques jours de froid hâtif avaient fait fuir les baigneurs. Nous causâmes quelque temps, puis la conversation languit, une douce somnolence s'empara de nous.... Il était onze heures passées quand nous rentrâmes à l'hôtel.

CHAPITRE XLIV

CHERBOURG (*suite*)

Promenade au fort du Roule. — Visite au Musée de peinture.

Nous nous levâmes de bonne heure le lendemain. Nous devions, dans la matinée, monter au fort du Roule. Nous avions hâte de faire cette ascension, regardée comme une des plus belles promenades, sinon la plus belle de Cherbourg. En effet, de la montagne sur laquelle est établi ce fort, auquel elle a donné son nom, on domine la ville tout entière, et c'est peut-être le seul point d'où l'on puisse en saisir parfaitement l'ensemble.

Comme nous voulions visiter le fort, nous nous étions munis la veille d'une permission de la place.

Nous nous rendîmes à la gare, derrière laquelle se trouve la montagne du Roule, haute de cent dix mètres au-dessus du niveau de la mer.

Là, on nous indiqua un chemin en zigzag tracé exprès pour abréger la route aux piétons. Nous nous empressâmes de le prendre. Il est excessivement pittoresque. A chaque tournant de la route, et la route tourne sans cesse, le coup d'œil change, et la vue devient de plus en plus belle, jusqu'au moment où, après un quart d'heure de marche environ, l'on arrive au fort.

Le fort du Roule, planté à pic entre deux verdoyants coteaux, se compose d'une caserne, d'un corps de garde, d'une batterie et d'un magasin à poudre. Grâce à la permission dont nous étions munis, nous pûmes y pénétrer. Nous restâmes éblouis à la vue du magnifique panorama qui s'offrit à nos regards.

A nos pieds, nous avions le canal la Retenue et le bassin du Commerce ; plus loin, l'avant-port, les jetées et la rade remplie de vaisseaux de guerre, la plupart cuirassés ; sur la gauche, l'arsenal et le fort du Hommet, s'avançant dans la mer pour en défendre l'entrée ; plus loin encore, derrière la rade et en face de nous, la digue avec les trois forts qui la protègent : le fort Central, le fort de l'Ouest et celui de l'Est. On ne saurait sans l'avoir vu se faire une juste idée de la magnificence d'un pareil tableau, c'était absolument féerique.

Nous restâmes quelque temps en extase devant la grandeur du tableau, après quoi seulement nous en étudiâmes les détails. Nous ne nous étions jusque-là rendu qu'un compte très inexact de l'importance des travaux gigantesques exécutés à Cherbourg. Du haut du fort du Roule, nous en saisissions l'ensemble.

Quand, un quart d'heure plus tard, nous redescendîmes en ville, nous estimions plus haut que jamais le génie et la persévérance de l'homme, si puissant quand il met au service de la science et de l'humanité l'intelligence que lui a si libéralement prodiguée le Créateur.

Il était encore de bonne heure quand nous rentrâmes à Cherbourg. Nous avions l'intention de visiter la rade dans la journée, et nous devions charger notre maître d'hôtel de nous procurer un pilote ; mais en rentrant, nous eûmes un véritable désappointement, quand nous apprîmes qu'il était sorti pour une grande partie de la journée.

CHERBOURG

CHAPITRE XLIV

Nous remîmes notre promenade au lendemain.

Bien nous en prit, car, vers midi, le ciel, si beau le matin, s'obscurcit, de gros nuages s'amoncelèrent à l'horizon, et un épouvantable orage éclata.

Il nous fallut demeurer dans nos chambres une partie de la journée.

Vers deux heures cependant, la pluie ayant un peu diminué, nous en profitâmes pour faire une petite visite au Musée de peinture.

Le Musée de peinture de Cherbourg se compose de plus de trois cents tableaux, dont un certain nombre signés des noms les plus célèbres des écoles italienne, flamande, hollandaise, française et anglaise; et ce fut un temps bien employé pour nous que celui que nous passâmes à admirer des tableaux tels que *la Salutation angélique,* de l'Albane; *la Mise au tombeau,* de Fra Angélico; *l'Adoration des Mages,* de Jordaens; *la Vierge pleurant sur le corps de Jésus,* du Poussin, etc., etc.... ou bien encore *les Singes au cabaret,* de Teniers, ou les beaux portraits de Largillière.

Le soir, la pluie ayant repris de plus belle, nous nous couchâmes de bonne heure, désespérés, car nous pensions que nous ne pourrions peut-être pas encore visiter la rade le lendemain.

CHAPITRE XLV

CHERBOURG (*suite*)

Promenade en rade. — La digue. — Le fort Central.
Les forts de l'Est et de l'Ouest.

Quand nous nous réveillâmes, le temps était sombre; mais, vers neuf heures, il se leva, et l'on put espérer que la journée serait belle.

Notre maître d'hôtel nous proposa de nous conduire jusqu'à l'avant-port. Là, nous dit-il, il nous mettrait en rapport avec un pilote de sa connaissance, auquel nous pourrions nous fier complètement. Nous acceptâmes sa proposition, et n'eûmes qu'à nous en applaudir, car le brave marin qu'il nous recommanda, et avec lequel nous nous arrangeâmes très facilement quant à la question d'argent, avait une de ces franches et bonnes figures qui inspirent tout de suite la confiance. Nous eûmes, depuis, la preuve qu'il la mérite à tous égards.

En sortant de l'avant-port, où nous avions embarqué, nous laissâmes, à droite, l'établissement des bains, à gauche, le quai Coligny, et, passant entre les deux jetées, nous arrivâmes bientôt en pleine rade, en face des bâtiments cuirassés.

Nous ajournâmes au retour la visite que nous voulions faire d'un de ces bâtiments, et nous nous fîmes conduire immédiatement au fort Central, situé au milieu de la digue.

Le temps était redevenu très beau ; la mer, quoique un peu agitée, n'était pas mauvaise, et la promenade promettait d'être fort agréable.

Elle le fut, en effet.

Moins d'une heure après notre départ, nous abordions à un petit port qui accède au milieu de la digue.

La digue de Cherbourg, construite au nord de la rade qu'elle est destinée à protéger, est divisée en deux parties ou branches par le fort Central.

La digue, elle-même, se compose de deux parties distinctes, la jetée et la muraille.

La jetée est formée de pierres immergées au fond de la mer, pierres provenant, pour la plupart, de fouilles pratiquées dans le gneiss pour le creusement du port militaire; elle s'élève en talus très incliné jusqu'au niveau des basses marées. La base a environ deux cents mètres de largeur, elle se termine au sommet par une plate-forme dont la largeur est de soixante mètres. C'est sur cette jetée que repose la grande muraille qui, découverte à la basse mer, est submergée aux deux tiers à marée haute.

Afin de la garantir des affouillements de la mer, on a recouvert la basse berge d'un lit de blocs artificiels de béton de vingt mètres cubes.

Cette muraille est un chef-d'œuvre de construction maritime. Elle a pris, par suite de l'agrégation des matériaux, due à l'emploi des ciments à prise lente ou continue, le caractère d'un véritable monolithe, long de trois mille sept cent quatre-vingts mètres, ayant neuf mètres d'épaisseur à la couronne, et neuf mètres vingt-huit centimètres au-dessus du niveau des basses mers. Le parapet de la plate-

CHAPITRE XLV

forme a deux mètres cinquante centimètres d'épaisseur, sur un mètre soixante-six centimètres d'élévation.

La digue de Cherbourg a coûté soixante-sept millions.

Lorsque nous fûmes sur la digue, nous nous dirigeâmes vers le fort Central. Nous y entrâmes, et nous nous rendîmes aussitôt à la cantine.

FORT SUR L'ÎLE PELÉE

On nous avait dit qu'on y pouvait déjeuner, à la condition d'apporter avec soi de la viande froide, précaution que nous n'avions pas négligée. On nous fit entrer dans une petite salle destinée aux visiteurs ; nous demandâmes du vin et une omelette, nous savions qu'on ne pourrait nous donner autre chose, et, grâce à nos provisions, nous pûmes faire un déjeuner frugal, mais suffisant. On ne déjeune pas tous les jours au fort Central, et le pittoresque remplace parfois avantageusement le confortable.

La digue n'est pas seulement protégée par le fort Central, mais aussi par deux autres forts : le fort de l'Est et le fort de l'Ouest.

La digue est séparée de l'île Pelée par une passe large de cinq cents mètres, et ayant neuf mètres de profondeur, c'est ce qu'on appelle la petite Rade.

La passe de l'ouest, entre la digue et le port Chavagnac, a mille mètres de largeur et onze mètres de profondeur. C'est la rade des gros navires de guerre. Par les mauvais temps, la digue de Cherbourg peut offrir un abri à tous les navires.

Après le déjeuner, nous nous rendîmes, par la digue, du fort Central au fort de l'Ouest, placé sur un point d'où l'on peut se rendre le compte le plus exact des travaux gigantesques qui ont été nécessités par la construction de la digue.

Après les avoir longuement admirés, nous retournâmes au port, où nous avions débarqué le matin, et où nous attendait notre pilote. Nous nous rembarquâmes.

Notre retour s'effectua sans la moindre difficulté ni le plus léger accident.

Arrivés à l'entrée de la rade, nous nous fîmes conduire, suivant notre projet, à bord d'un des vaisseaux qui s'y trouvaient alors, un beau cuirassé de premier ordre, que nous demandâmes à visiter. Un petit mousse, très gentil et fort intelligent, nous fut donné pour cicerone et s'acquitta, je dois le dire, fort bien de sa mission.

Jamais nous n'avions vu de bâtiments de guerre, ce fut donc avec un très vif intérêt que nous examinâmes dans toutes ses parties, le beau bâtiment que nous avions la bonne fortune de pouvoir visiter. Nous admirâmes sa superbe coque d'acier, construite d'après le système cellulaire ; sa jolie mâture, composée de deux mâts de signaux en tôle, et son appareil moteur, composé de quatre belles machines à julon, destinées à mettre ses deux hélices en mouvement.

— Savez-vous, demandai-je à l'enfant, quelle est la puissance de ces machines?

— Douze mille chevaux effectifs avec tirage.

— Et leur vitesse?

— Seize nœuds à l'heure.

Notre jeune cicerone nous fit visiter les batteries, la cale, les cuisines, etc.; il nous conduisit partout, et ce fut avec plaisir, qu'en le quittant, je lui donnai un pourboire qu'il avait si bien mérité. Sans doute, ma satisfaction m'avait porté à une générosité à laquelle le pauvre petit n'était pas habitué, car un éclair de joie illumina son grand œil noir, quand il regarda la pièce que je venais de lui mettre dans la main, et il y avait de la reconnaissance dans l'accent dont il me dit merci.

Je voudrais connaître l'histoire de ce petit mousse; je ne sais pourquoi, mais il m'intéresse.

Nous nous quittâmes très contents l'un de l'autre.

Il faisait presque nuit lorsque notre pilote nous débarqua à la même place où il nous avait pris le matin. Nous rentrâmes enchantés de notre promenade.

CHAPITRE XLVI

CHERBOURG (suite)

Charles Dupré reçoit une lettre de son père qui le rappelle à Calais. — Promenade au château de Tourlaville. — Légende des seigneurs de Ravalet.

Le lendemain de notre promenade en rade, Charles reçut une lettre de son père. Un de ses parents, qui habitait l'Angleterre, et n'était pas venu en France depuis plusieurs années, était en ce moment à Calais.

Appelé à Paris par des affaires urgentes, il en avait profité pour passer, à son retour, quelques jours dans sa famille, et avait beaucoup regretté l'absence de Charles. M. Dupré engageait son fils à abréger un peu son voyage, afin de rentrer à Calais assez à temps pour y trouver encore son cousin.

On était au 25 septembre, et celui-ci partait le 30.

Cette lettre contraria beaucoup mon ami. Nous avions projeté plusieurs grandes excursions aux environs de Cherbourg, et il lui en coûtait d'y renoncer ; il n'eût pas voulu, pourtant, désobliger son père.

— Nous avons fini de visiter Cherbourg, lui dis-je lorsqu'il me montra, d'un air tout déconfit, la lettre qu'il venait de recevoir, et nous allons aujourd'hui au château de Tourlaville : c'est la promenade la plus intéressante qu'il y ait à faire dans les environs de Cherbourg. Je sais bien que nous avions projeté de faire d'ici des excursions plus longues, comme celles de Jobourg et de Flamanville, mais nous retrouverons naturellement l'occasion de visiter les curieuses falaises du département de la Manche, si nous accomplissons le projet que nous avons si souvent formé depuis un mois, de continuer, l'année prochaine, nos pérégrinations sur les côtes de France.

— C'est vrai, et cette pensée me console, me répondit Charles ; je vais écrire à mon père que je partirai demain pour Calais.

Charles monta aussitôt à sa chambre. Je pris un livre et l'attendis dans le salon.

Il revint bientôt, sa lettre en main.

— Je vais la mettre au premier bureau de poste, dit-il.

Nous partîmes.

Le château de Tourlaville, que nous avions aperçu de loin en venant de Barfleur à Cherbourg, n'est qu'à trois kilomètres de Cherbourg, sur la route de Barfleur ; nous mîmes donc peu de temps pour nous y rendre. Arrivés au village de Tourlaville, nous prîmes, en face d'un Christ en pierre placé sur la route, un chemin qui nous conduisit directement au château.

Le château de Tourlaville, bâti à la fin du xvie siècle, est très remarquable par son ornementation élégante et capricieuse ; il s'élève au fond d'une jolie vallée d'où l'on aperçoit Cherbourg et la mer. De nombreuses et importantes restaurations y ont été faites depuis 1859.

Une vieille tour en ruines, dernier et seul vestige d'un château plus ancien, se voit en avant de ce château.

Nous nous informâmes auprès du concierge s'il nous serait possible de le visiter.

Il nous répondit affirmativement, et alla chercher ses clefs.

Il ne nous fit pas attendre longtemps.

— Si ces Messieurs veulent venir avec moi, nous dit-il, je suis prêt.

Nous le suivîmes. Il nous fit traverser un vieux pont-levis chargé de lierre.

Nous pénétrâmes dans l'enceinte du château.

Pourquoi donc, en marchant sous les magnifiques ombrages qui conduisent au château de Tourlaville, éprouvais-je, malgré moi, un vague sentiment de terreur? Pourquoi cette terreur s'accentua-t-elle encore quand j'en passai le seuil?

C'est que, quelques jours auparavant, j'avais entendu conter la lugubre légende du château.

Le château de Tourlaville a longtemps appartenu à la famille des Ravalet, famille éteinte aujourd'hui, dont les membres se créèrent, par leurs crimes, une triste célébrité.

Un Ravalet, seigneur de Tourlaville, assassina son frère; un autre fit pendre plusieurs de ses vassaux qui avaient fait moudre leur blé ailleurs qu'au moulin seigneurial; un troisième fut soupçonné d'avoir enlevé la femme d'un de ses écuyers, de l'avoir ensuite tuée à coups de boule, et d'avoir abandonné son corps dans un des fossés du château.

Un Ravalet, pour se venger d'un gentilhomme dont les ânes étaient venus accidentellement paître dans son pré, brûla, sans scrupule, deux fermes qui lui appartenaient. Un autre tua de sa main, au pied de l'autel, le curé de Tourlaville, coupable d'avoir osé lui reprocher ses vices. Enfin, Marguerite de Ravalet et son frère Julien périrent sous la hache du bourreau, en 1603.

L'air qu'on respirait dans ce château semblait, en ce temps, exercer une funeste influence sur tous ceux qui l'habitaient. Le dernier des Ravalet fut tué par ses domestiques.

Notre guide nous fit visiter toutes les parties du château qui pouvaient nous intéresser, et en particulier la chambre bleue.

La célèbre chambre bleue est une pièce située au premier étage de la tour ronde. Cette pièce a conservé son antique ameublement, et, sur ses murs, on remarque d'anciennes et bizarres inscriptions.

Nous vîmes, dans la tour des Quatre-Vents, deux salons décorés dans le goût du temps où ils étaient habités par les Ravalet.

Le parc de Tourlaville est magnifique, on ne saurait trouver plus beaux ombrages, gazons mieux entretenus. Cependant, en me promenant dans ces belles allées, en regardant ces superbes pelouses sur lesquelles se détachaient de gracieuses corbeilles de fleurs, je me sentais oppressé. Je ne pouvais chasser de mon esprit les sinistres et lugubres pensées qui m'obsédaient depuis l'instant où j'avais passé le seuil du château.

— Ne te semble-t-il pas, dis-je à Charles, dans un moment où notre guide s'était éloigné de nous, ne te semble-t-il pas entendre des cris étouffés sortir de ces fossés? sous ces belles charmilles, ne crois-tu pas apercevoir des figures sinistres?

— Je n'entends rien, répondit-il, que le chant des oiseaux; je ne vois d'autres figures que celle de notre brave homme de guide, qui rirait bien, s'il entendait ce que tu me dis là.

— Toujours le même, Charles.

— J'espère bien ne jamais changer.

En sortant du château, nous avions l'intention de visiter l'église de Tourlaville, et d'aller voir une pierre druidique conservée au lieu dit *la Lande des morts;* mais Charles regarda sa montre, nous n'avions plus que le temps de rentrer à Cherbourg pour l'heure du

CHAPITRE XLVI

dîner; il fallut renoncer à nos projets. Nous nous en consolâmes aisément; il paraît que l'église n'est pas très curieuse, et, quant au monument druidique, nous en avons probablement déjà vu de semblables, et, si nous allons en Bretagne, nous aurons occasion d'en admirer de plus beaux.

Après le dîner, nous allâmes passer une demi-heure sur la plage, puis nous rentrâmes. Charles partait le lendemain par le train de sept heures, il voulait fermer sa malle avant de se coucher.

Quand dix heures sonnèrent, nous étions au lit tous deux.

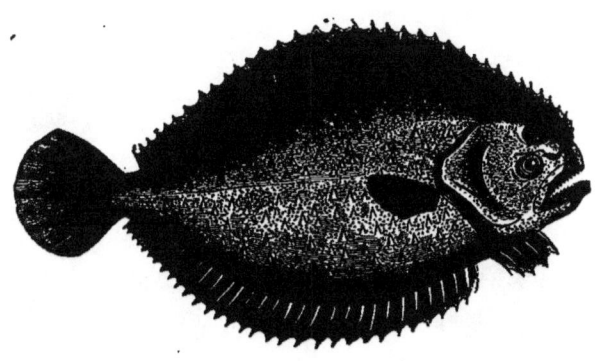

TURBOT

CHAPITRE XLVII

CHERBOURG (*suite*)

**Départ de M. Dupré pour Calais. — M. de Lussac reste seul à Cherbourg.
La rentrée à Paris.**

Le lendemain, je conduisais Charles à la gare.
Notre voyage était terminé.

Je restai huit jours encore à Cherbourg. Je fis l'esquisse de mon tableau, et plusieurs études qui devaient m'être fort utiles, puis je repris le chemin de la capitale. Il y avait près de deux mois que j'en étais parti, mais le temps m'avait semblé trop court, il avait été si bien employé.

Et pourtant je ne pouvais regretter de rentrer à Paris; ma mère et ma sœur m'y attendaient depuis la veille. Elles y étaient venues faire des emplettes nécessitées par le prochain mariage d'Hélène. Elles y devaient passer huit jours. Il était convenu que je les reconduirais à Orléans et que j'y resterais jusqu'après le mariage de ma sœur. Je devais être son garçon d'honneur; c'était mon droit, et je ne l'eusse cédé à personne. La dernière lettre de ma chère Hélène m'avait appris qu'elle avait choisi, pour demoiselle d'honneur, sa plus proche parente..., Juliette de Lussac.

TABLE DES MATIÈRES

	Pages.
CHAPITRE I. — LE HAVRE. — Arrivée au Havre. — Une rencontre inattendue.	7
CHAPITRE II. — PROMENADE A HARFLEUR.	11
CHAPITRE III. — HARFLEUR (suite). — Situation d'Harfleur. — Son origine. — Son histoire.	15
CHAPITRE IV. — HARFLEUR (suite). — L'église d'Harfleur. — Ses vieilles maisons. — Réflexions inspirées par son état actuel. — Visite au château de M. de Labédoyère. — Histoire du chevalier de Béthencourt. — Projets.	17
CHAPITRE V. — LE CHATEAU DE TANCARVILLE. — Histoire du château et des seigneurs de Tancarville.	25
CHAPITRE VI. — LE CHATEAU DE TANCARVILLE (suite). — Position du château. — Aspect et description des ruines de Tancarville. — Les cheminées. — La terrasse du château neuf. — La Pierre-Gante.	29
CHAPITRE VII. — DU HAVRE A HONFLEUR. — Traversée en bateau à vapeur. — Vue magnifique des environs.	37
CHAPITRE VIII. — HONFLEUR. — Origine d'Honfleur. — Son histoire jusqu'à nos jours.	45
CHAPITRE IX. — HONFLEUR (suite). — La jetée de l'ouest. — Le port. — L'église Saint-Léonard. — Les anciennes maisons.	51
CHAPITRE X. — HONFLEUR (suite). — Promenade à la côte de Grâce. — Le panorama. — Le Calvaire. — La chapelle de Notre-Dame de Grâce.	55
CHAPITRE XI. — HONFLEUR (suite). — Origine et histoire de la chapelle de Notre-Dame de Grâce.	65
CHAPITRE XII. — HONFLEUR (suite). — La plage. — Le Casino. — La ferme de Saint-Siméon. — Départ d'Honfleur.	69

TABLE DES MATIÈRES

Pages.

CHAPITRE XIII. — D'Honfleur a Villerville. — Vasouy. — Criquebœuf. — Arrivée à Villerville. — Situation du pays. — Les brise-lames. — Le Rattier. — Les bains. — L'église. — Le chalet Guttenger et la fontaine Virginie. — Pêcheurs et pêcheuses de Villerville. 73

CHAPITRE XIV. — Trouville. — Position de Trouville. — Son importance actuelle. — Ses châteaux et ses villas. — Sa plage. — Modifications apportées à nos projets. — Le port et les jetées. 85

CHAPITRE XV. — Trouville (suite). — Promenade à Deauville. — Villas. — Courses de Deauville. — Casino. — Retour à Trouville. — Soirée sur la terrasse du Casino. 93

CHAPITRE XVI. — Trouville (suite). — Bains de mer. — Les ânes de Trouville. 101

CHAPITRE XVII. — Trouville (suite). — De Trouville à Bonneville. — Accidents de voyage. — Toucques. — Ses églises. — Arrivée à Bonneville. . . 105

CHAPITRE XVIII. — Trouville (suite). — Les ruines u château de Bonneville. — La tour du Serment. — La prison. — Les ruines de Saint-Arnould et celles de Lassay. 111

CHAPITRE XIX. — Trouville (suite). — Une journée de pluie. — Visite au Casino. 121

CHAPITRE XX. — Trouville (suite). — Les Roches-Noires. — La pêche aux moules. — L'arrivée des bateaux de pêche. — Histoire de la Gervaise. — Le marché au poisson. 127

CHAPITRE XXI. — Trouville (suite). — Promenade au château d'Hébertot. — Le château de d'Aguesseau. — La chapelle de Notre-Dame des Bois. — La forêt de Toucques. — L'église de Saint-André d'Hébertot. — La tombe de Vauquelin. — Le château. 135

CHAPITRE XXII. — Trouville (suite). — Une partie de pêche. — La pêche au cordeau. — La pêche au chalut. — La pêche à la ligne dans la Toucques. 143

CHAPITRE XXIII. — De Trouville a Villers. — Départ de Trouville. — Bénerville. — Arrivée à Villers. 151

CHAPITRE XXIV. — De Villers a Beuzeval. — Villers. — Sa situation. — Son église. — Son château. — De Villers à Houlgate. — Houlgate. — Les Vaches-Noires. — Beuzeval. — Son église . . . 155

CHAPITRE XXV. — Dives. — Son passé. — Sa situation. — L'*Hôtel de Guillaume-le-Conquérant*. — L'église Notre-Dame. — La butte Caumont. — Le château de M. Foucher de Careil. — Arrivée à Cabourg. . . . 165

TABLE DES MATIÈRES

Pages.

CHAPITRE XXVI. — Cabourg. — La plage et la terrasse. — Pêche à la ligne dans la Dives. — Les équilles. — L'église de Cabourg. 173

CHAPITRE XXVII. — De Cabourg a Lion-sur-Mer. — Le Home-Varaville. — L'embouchure de l'Orne. — Ouistreham. — Lion-sur-Mer. . . . 179

CHAPITRE XXVIII. — Luc-sur-Mer. — Une rencontre. — Les bains de Luc. . 185

CHAPITRE XXIX. — La Délivrande. — Origine et histoire de la chapelle. . 193

CHAPITRE XXX. — La Délivrande (suite). — Une fête à la Délivrande. — Les marchands de chapelets et de médailles. — Retour à Luc. . . 201

CHAPITRE XXXI. — Langrune et Saint-Aubin. — L'église de Langrune. — Le parquet des Essarts. — Saint-Aubin. — Le Castel. — Les baigneurs. . 205

CHAPITRE XXXII. — De Saint-Aubin a Courseulles. — Un vieil archéologue. — Bernières. — Courseulles. — Fontaine-Henri. — Creuilly. . . 213

CHAPITRE XXXIII. — De Courseulles a Arromanches. — Ver; son phare, son église. — Asnelles; sa plage. — Arromanches. — La tête du Calvados. — L'église. 223

CHAPITRE XXXIV. — D'Arromanches a Port-en-Bessin. — Tracy-sur-Mer. — Mauvieux; son église. — Mademoiselle de Fontenailles; sa légende. . . 227

CHAPITRE XXXV. — De Port-en-Bessin a Bayeux. — Port-en-Bessin; son port, sa plage. — De Port-en-Bessin à Bayeux par la diligence. — Les fosses du Soucy. — Arrivée à Bayeux. — La cathédrale. — La tapisserie de la reine Mathilde. 233

CHAPITRE XXXVI. — De Port-en-Bessin a Isigny. — Colleville. — Saint-Laurent-sur-Mer. — Vierville. — Saint-Pierre du Mont. — Grand-Camp. — Isigny. 241

CHAPITRE XXXVII. — D'Isigny a Valognes. — La baie de Veys. — Terrains conquis sur la mer. — Neuilly. — Carentan; son port, son église, son château. — Valognes. 247

CHAPITRE XXXVIII. — De Valognes a Saint-Marcouf. — Quinéville. — Promenade à Saint-Marcouf et au château de Fontenay. — Excursion aux îles de Saint-Marcouf. 255

CHAPITRE XXXIX. — Saint-Waast. — Les forts de Tahitou et de la Hogue. — Combat naval de la Hogue. — Église de Saint-Waast. . . . 261

CHAPITRE XL. — De Barfleur a Cherbourg. — Barfleur; son port. — Naufrage de la *Blanche-Nef*. — Le Raz et le phare de Gatteville. — Arrivée à Cherbourg. 267

CHAPITRE XLI. — Cherbourg. — Notions historiques. 273

TABLE DES MATIÈRES

Pages.

CHAPITRE XLII. — Cherbourg (*suite*). — Première matinée à Cherbourg. — Le port marchand. — Les bains de mer. — La statue de Bricqueville. — L'église de la Trinité. — L'hôtel de ville. — L'Obélisque. — L'Hôtel-Dieu. — L'église Saint-Clément. 279

CHAPITRE XLIII. — Cherbourg (*suite*). — Visite au port militaire. . . 287

CHAPITRE XLIV. — Cherbourg (*suite*). — Promenade au fort du Roule. — Visite au Musée de peinture. 293

CHAPITRE XLV. — Cherbourg (*suite*). — Promenade en rade. — La digue. — Le fort Central. — Les forts de l'Est et de l'Ouest. 299

CHAPITRE XLVI. — Cherbourg (*suite*). — Charles Dupré reçoit une lettre de son père qui le rappelle à Calais. — Promenade au château de Tourlaville. — Légende des seigneurs de Ravalet. 305

CHAPITRE XLVII. — Cherbourg (*suite*). — Départ de M. Dupré pour Calais. — M. de Lussac reste seul à Cherbourg. — La rentrée à Paris. . . 311

TABLE DES VIGNETTES

	Pages.
Aguesseau (d').	137
Ammonites.	142, 222
Anémone de mer.	109
Angleterre (Côtes d').	63
Araignées de mer. — Crevette.	245
Attente (L').	229
Auge (Vallée d').	175
Barques de pêche.	129
Bayeux.	235
— (Cathédrale de).	237
Beuzeval. — Houlgate.	161
Chasse aux oiseaux de mer.	181
Cherbourg.	295
— (Bassin du Commerce).	283
— (Fort sur l'île Pelée).	304
— (Jetées).	289
— (Plage et Casino de).	281
Combat naval.	266
Côte de Grâce (Calvaire sur la).	57
Courseulles.	215
Crabes et éponges.	153
Criquebœuf (Église de).	75
Deauville (Avenue de l'Hippodrome de).	97
— (Villa Morny).	95
Débarquement du poisson.	131
Dives (Port de).	171

TABLE DES VIGNETTES

	Pages.
Esturgeon.	232
Fontaine-Henri (Château de).	221
Gatteville (Phare de).	269
Graville (Croix de).	14
Guillaume le Conquérant (Flotte de).	167
Hareng.	184
Harfleur.	13
Havre.	49
Havre (Le) (Hôtel de ville).	10
— — (Place du Théâtre).	36
Hogue (Combat de la).	265
Homard.	243
Honfleur.	4
— (Notre-Dame de Grâce).	67
— (Port d').	53
Houlgate (Église d').	164
Louis XVI.	278
Maquereau.	133
Morue.	259
Navire échoué	100
Navire en détresse.	54
Normandes.	207
Pâturages.	253
Pâturages en Normandie.	249
Paysans normands.	203
Pêche au cordeau.	147
Pêche aux crevettes.	246
Pêche aux moules.	84
Pêcheurs normands.	195
Petits pêcheurs (Les).	187
Quetteville (Sortie du souterrain d'Hébertot).	139
Quinéville (Grande cheminée de).	257
Raie.	119
Saint-Arnould (Ruines de).	115
Sainte-Adresse.	44
Saint-Waast de la Hogue.	263
Saumon.	285
Seine (Barre de la).	41

TABLE DES VIGNETTES

Pages.

Sèche. — Huîtres. — Polypier.	219
Sole.	150
Tancarville (Château de). — Entrée principale des ruines.	31
Tapisserie de la reine Mathilde.	240
Trouville (Chalet Cordier).	87
— (Plage, bains, salon de conversation).	107
— (Vue du mont Canisy).	123
— (Vue prise de la jetée nord).	91
Turbot.	309
Vaches-Noires (Les).	163
Valognes.	251
Vauban.	275
Vauquelin.	141
Vœu (Le).	83
Villers-sur-Mer.	157
Villerville (Les graves près).	79

— Lille. Typ. J. Lefort. 1887